Artur Fürst

Werner von Siemens

Der Begründer der modernen Elektrotechnik

Artur Fürst: Werner von Siemens. Der Begründer der modernen Elektrotechnik

Berliner Ausgabe, 2016
Vollständiger, durchgesehener Neusatz bearbeitet und eingerichtet von Michael Holzinger

Erstdruck: Deutsche Verlags-Anstalt, Stuttgart / Berlin 1916

Dieses Buch folgt in Rechtschreibung und Zeichensetzung obiger Textgrundlage.

Herausgeber der Reihe: Michael Holzinger
Reihengestaltung: Viktor Harvion
Umschlaggestaltung unter Verwendung des Bildes:
Giacomo Brogi, Werner von Siemens

Gesetzt aus der Minion Pro, 11 pt

Inhalt

Werner von Siemens 4
Die Persönlichkeit 5
Voreltern und Elternhaus 12
Die Anfänge 16
Erste Erfindungen 22
Theorie und Technik 28
Revolution und Krieg 33
Telegraphen-Apparate 37
Das Leitungsnetz 43
Bauten in Rußland 53
Unterseekabel 59
Die Überwindung des Ozeans 70
Intermezzo 77
Die indo-europäische Telegraphenlinie 81
Die Erfindung der Dynamomaschine 85
Elektrische Bahnen 97
Elektrisches Licht 107
Parerga 111
Wissenschaft 118
Öffentliche Wirksamkeit 126
Siemens & Halske 134
Lebenserinnerungen. Weltruhm 142
Quellenverzeichnis 147

Vieles Gewaltige lebt, und nichts
Ist gewaltiger als der Mensch

                              (»Antigone« des Sophokles)

Werner Siemens als Seconde-Lieutenant

Die Persönlichkeit

Vor dem stolz ragenden Gebäude der Technischen Hochschule in Charlottenburg ist ein Bronzestandbild aufgerichtet, das Werner Siemens in schlichter Gestalt zeigt. Gewiß konnte der Bildhauer, der heutigen Kunstrichtung entsprechend, nichts Besseres tun, als dem heranreifenden Ingenieurgeschlecht das große Vorbild im Gewand des Bürgers vor Augen führen. Aber die Phantasie, die keine bildnerischen Schwierigkeiten kennt, darf sich Werner Siemens anders vorstellen.

Wir Jüngeren, die mit ihm nicht mehr in persönliche Berührung gekommen sind, sehen ihn gern in zeusähnlicher Gestalt mit einer modern geformten Ägis in der Hand. Ist er es doch gewesen, der so recht eigentlich dem furchtbaren Schildschütterer die Blitze aus der Hand genommen. Sein Schaffen erst hat dem Menschen die Kraft und die Fähigkeit gegeben, den elektrischen Funken sicher einzufangen, ihn zu meistern und weithin zucken zu lassen. Was vor ihm war, erscheint uns heute als dilettantisches Spiel mit der Elektrizität, durch sein Wirken erst wurde die weltfüllende Kraft wirklich in den Dienst des Menschen gezwungen, der Blitz aus den Wolken den Sterblichen als Werkzeug beigesellt.

Den Grundbau der modernen Elektrotechnik haben wir aus Werner Siemens' Händen empfangen. Es ist ein Ganzes, das die Menschheit ihm verdankt, nicht blendende Teile, die erst von anderen einem Ganzen angefügt werden mußten. Zwar war auch Werner Siemens ein großer Erfinder, aber ihn kennzeichnet nicht eine Fülle genialer »Einfälle«; sondern ein langsames, stetiges Weiterführen dessen, was er als noch nicht vollkommen erkannt hatte, ließ ihn ein Lebenswerk von seltener Geschlossenheit aufrichten. Niemals findet man bei ihm, von einer kurzen Jugendperiode abgesehen, ein Herumirren der Gedanken auf krausen Wegen; den Zufallserfolg hat er stets verschmäht. Wie auf einem Gleis ward sein Streben und Forschen stets zwangläufig geführt, und diese ihm von seiner Natur gewiesene feste Bahn, auf der er in stets gleicher Richtung, aber zu den höchsten Zielen vorwärts eilen mußte, hieß *Wissenschaft*.

Er schöpfte bei seiner Arbeit stets aus der Tiefe wissenschaftlicher Erkenntnis, und dieses stark gegründete Fundament des Siemensschen Schaffens bringt es mit sich, daß in der Reihe der erlauchten Namen, die in die Ehrentafel der Technik eingegraben sind, der seinige eine besondere Stellung einnimmt.

Man nennt Montgolfier den Erfinder des Luftballons, Franklin den Erfinder des Blitzableiters, Philipp Reis den Erfinder des Telephons, aber Werner Siemens lebt nicht fort als der Urheber einer bestimmten Erfindung, sondern man bezeichnet ihn als den Mann, der das elektrische Zeitalter, *unser* Zeitalter, heraufgeführt hat.

Auch von anderen Namen aus dem Reich der Technik strahlt ein blendendes Licht, aber die meisten gleichen doch punktförmigen Lichtquellen, bei deren Beobachtung man deutlich wahrnimmt, daß all die weit hinausgesandten Strahlen an einer einzigen Stelle entstehen. Siemens' Schaffen jedoch ist wie die Sonne, die aus leicht verhangenem Himmel niederstrahlt; auch sie verbreitet ein sehr starkes Licht, das aber weit verstreut ist, von überall her, aus sämtlichen Richtungen zu kommen scheint und ein ungeheures Gebiet erhellt. Warm, wohltuend und ganz gleichmäßig ist dieses Licht; nur wenn man ganz scharf beobachtet, sieht man einen besonders kräftig erhellten Abschnitt. Hier ist der Ort am Firmament des Siemensschen Schaffens, von wo die Leuchtkraft seiner größten Tat, der Schöpfung der Dynamomaschine, niederstrahlt.

Daß die Wirksamkeit dieses Manns, die ihre Kraft aus der Tiefe der Wissenschaft heraufholte, zugleich so sehr sich in die Breite entwickeln, dem praktischen Leben von so bedeutendem Nutzen sein konnte, verdanken wir einer seltenen Mischung verschiedener Fähigkeiten in der Person von Werner Siemens.

Aus drei Farben stellt die heutige Drucktechnik jede mögliche Tönung her; aus drei Eigenschaften vermochte Siemens so viele und so mannigfaltige Leistungen herauszuentwickeln, daß sein Lebenswerk fast unübersehbar geworden ist.

In ihm vereinigten sich der Mann der Wissenschaft, der Techniker und der Kaufmann zu einem schillernden und doch einheitlichen Ganzen. Für den Apparat, den der Techniker als unzureichend und verbesserungsbedürftig erkannt hatte, entwickelte der Wissenschaftler die theoretische Grundlage, schuf er das Fundament, auf dem weitergebaut werden konnte; wurde im wissenschaftlichen Laboratorium eine neue Erkenntnis geboren, dann war der Ingenieur imstande, das Geisteserzeugnis mit einem Körper zu umschließen, der Knochen, Blut und Muskeln besaß, so daß es lebendig zu wirken vermochte. Der Kaufmann aber kannte die Wege, um den Gegenstand so auf den Markt zu bringen, daß er Käufer fand und Geld einbrachte, das nun wieder die Möglichkeit zu weiteren wissenschaftlichen Forschungen schuf. Auf diese Weise entstand ein Kreislauf, der zu immer Größerem führen mußte. Er stellte die vorausgenommene Anwendung des von Siemens später gefundenen dynamo-elektrischen Prinzips auf sein eigenes Leben dar, dieses Prinzips, nach dem der Induktor durch die Leitung die Polmagnete verstärkt und diese dann wieder rückwirkend den Induktor zu höheren Leistungen befähigen.

»Naturwissenschaftliche Forschung war meine erste, meine Jugendliebe ... daneben habe ich freilich immer den Drang gefühlt, die naturwissenschaftlichen Errungenschaften dem praktischen Leben nutzbar zu machen«, so hat er von sich gesagt. »Dabei kann ich mir selbst das Zeugnis geben, daß es nicht Gewinnsucht war, die mich bewog, meine Arbeitskraft und mein Interesse in so ausgedehntem Maß technischen Unternehmungen zuzuwenden. In der Regel war es zunächst das wissenschaftlich-technische Interesse, das mich einer Aufgabe zuführte. Indessen will ich auch die mächtige Einwirkung nicht unterschätzen, welche der Erfolg und das ihm entspringende Bewußtsein, Nützliches zu schaffen und zugleich Tausenden von fleißigen Arbeitern dadurch ihr Brot zu geben, auf den Menschen ausübt.«

Diese mächtige Einwirkung trieb hier nun nicht zu Spekulationen, sondern eben zur wissenschaftlichen Forschung zurück in dem unbewußten Drang, der das echte Genie stets auf den richtigen Weg lenkt.

Die Dreigestalt von Siemens' Persönlichkeit hat auch äußerlich zu eigenartigen Konstellationen geführt. Der praktisch schaffende Ingenieur wurde als ordentliches Mitglied in die preußische Akademie der Wissenschaften berufen, die doch, wie Du Bois-Reymond damals betonte, die Wissenschaft um ihrer selbst willen betreibt, und eben derselbe Mann hatte als *Dr. phil. honoris causa* einmal Gelegenheit, den Titel Kommerzienrat, den man ihm antrug, als nicht ganz zusagend abzulehnen.

Als Werner Siemens nach Berlin kam, um seine Laufbahn zu beginnen, war die erste Eisenbahn in Deutschland noch nicht eröffnet; eine Technik in unserem heutigen Sinn gab es überhaupt nicht. Faraday hatte gerade erst seine Untersuchungen über die Magnetinduktion bekannt gegeben, die in der Folge die theoretische Grundlage für den Bau sämtlicher elektrischer Maschinen geworden sind; an eine Elektrotechnik war also überhaupt noch nicht zu denken. Das Wort Elektrotechnik selbst ist erst viel später bei der unter Siemens' Mitwirkung erfolgten Begründung des Elektrotechnischen Vereins geschaffen worden.

Der junge Mann selbst kam vom Land, aus den engen Verhältnissen einer ärmlichen, kinderreichen Familie. Er war ohne Mittel und ohne besondere Schulbildung. Er hatte auch nicht das Glück, nun gleich systematische Studien beginnen zu können, sondern sah sich gezwungen, die Laufbahn eines Artillerieoffiziers einzuschlagen. Viele, viele Jahre lang konnte er an nichts anderes denken als nur daran, wie er sich die Mittel zu seinem kargen Lebensunterhalt verschaffte.

Und doch! Das Wunderbare geschah, das Unbegreifliche trat auch hier wieder ein, dem wir immer begegnen, wenn die geheimnisvoll über uns gebietende Macht jemanden dazu ausersehen hat, ihr Werkzeug bei der Fortentwicklung des Menschengeschlechts zu werden.

Das in den freien Luftraum geworfene und am Wachstum behinderte Samenkorn keimte dennoch, ward groß und stark, schöpfte seine Kraft aus unbekannten Regionen, in die nur die Wurzeln des Genies den Eingang finden, entfaltete sich als ein Baum, der köstliche Früchte trug und seine breitästige Krone auf kerngesundem, knorrigem Stamm weit ausbreitete.

Als Werner Siemens die Augen schloß, da war mit seiner Hilfe, durch seine Forschungen und Erfindungen das Reich des elektrischen Schwachstroms prachtvoll errichtet und gefestigt. Die Elektrizität war als Übermittlungswerkzeug des menschlichen Gedankens unentbehrlich geworden, sie schloß Erdteile zusammen und überbrückte die Weltmeere. Schon damals waren die Drähte die Harfensaiten, auf denen das brausende Lied der menschlichen Kultur gespielt wurde. Die Starkstromtechnik hatte den festen Unterbau erhalten, auf dem sie sich bald zu ihrer heutigen umfassenden Bedeutung entwickeln sollte. Siemens selbst, der mit der Dynamomaschine der Menschheit das Mittel zu ungeahnter Beherrschung und Dienstbarmachung der Naturkräfte in die Hand gegeben hatte, konnte auch hier noch die erste Entwicklungsstufe selbst leiten und geistig begleiten, bis mit seinem zunehmenden Alter ein anderer Führer wurde: Emil Rathenau.

Der Sohn des armen Landwirts hinterließ ein Vermögen, das eine sehr stattliche Zahl von Millionen umfaßte. Die von ihm begründete und geleitete Industriefirma war eine der angesehensten und bedeutendsten in Deutschland geworden; er hat ihren Namen für immer mit der Geschichte der Technik verbunden. Was an Ehrungen einem Gelehrten, einem Erfinder, einem Industriellen zuteil werden kann, ist ihm in reichster Fülle zugeflossen.

Er verdiente diese Auszeichnungen um so mehr, als er neben seinen großen Taten auf ureigenstem Gebiet dem Gedeihen des Staats zeitlebens eine lebhafte und tatkräftige Aufmerksamkeit zugewendet hat. In die preußische Politik hat er ratend und rettend eingegriffen. Ein starkes soziales Pflichtgefühl trieb ihn schon zu einer Zeit, als man diesen Einrichtungen in industriellen Kreisen noch recht bedenklich gegenüberstand, dazu, für die Angestellten und Arbeiter seiner Firma eine Invaliditätskasse und Altersversorgungseinrichtung zu schaffen. Er fand nicht Ruhe, bis es ihm gelungen war, der erfinderischen Tätigkeit in Deutschland einen gesunden Boden zu schaffen. Werner Siemens ist als der Vater unserer Patentgesetzgebung anzusehen. Durch die Errichtung der Physikalisch-Technischen Reichsanstalt, deren Gründung er geistig vorbereitete und durch reiche finanzielle Beihilfe ermöglichte, ließ er das erste Institut in Deutschland entstehen, das ausschließlich der wissenschaftlichen Forschung gewidmet ist.

Sein universeller Geist trieb ihn auch unablässig, über naturwissenschaftliche Fragen nachzusinnen, die abseits der Technik lagen. Wenn man seine Arbeiten über solche Themen durchblättert und zugleich die Fülle der wissenschaftlichen Aufsätze wahrnimmt, die er über technische Probleme geschrieben hat, so wird man mit Staunen erfüllt über die geistige Kapazität dieses Manns, der schließlich zu wissenschaftlicher Tätigkeit doch nur in den kargen Mußestunden Zeit hatte, die ihm seine weitest ausgebreitete industrielle Wirksamkeit ließ.

Man sollte meinen, daß in dem Leben eines solchen Manns kein Raum zu dem geblieben wäre, was man im landläufigen Sinn »Erlebnis« nennt. Doch da sehen wir wieder, wie das Genie den Fassungsraum des Jahrs und der Stunde zu weiten vermag, so daß sie für ihn ein Mehrfaches der Sekundenzahl zu enthalten scheinen, die der gewöhnliche Mensch abzählt. Werner Siemens' Erdenwallen ist erfüllt von romantischen Begebenheiten, von Abenteuern könnte man sagen, wie sie in solcher Zahl nur wenigen begegnen.

Fortwährend erlebt er Außerordentliches. Das Plötzliche, das seinen Erfindungsideen fremd ist, tritt im Gang seines Lebens fortwährend auf. Unerwartete Ereignisse werfen ihn häufig in andere Richtung, als er gerade einzuschlagen beabsichtigt. Dreimal verursacht er schwere Explosionen, er erobert eine Festung, kämpft mit Beduinen auf der Spitze einer

Pyramide, wird durch einen Schiffbruch auf eine unbewohnte Insel gebannt, eine lose gewordene Kabeltrommel droht sein Schiff zu zerschmettern, das Meer strömt mit furchtbarem Wüten in seltsamer Weise gegen ihn an. Und – was das erstaunlichste ist – in all diesem Getümmel oft schwerer Gefahren bleibt er jeden Augenblick der ruhige, sorgsam beobachtende Mann der Wissenschaft. Ein Ausbruch des Vesuv läßt in ihm Gedanken über die Beschaffenheit des Erdinnern erwachsen, er treibt Navigation während des Schiffbruchs und Meeresforschung inmitten der Wasserhose.

Auch der Kreis der Familie, aus dem er hervorging, zeigt uns ein ungewöhnliches Bild. Unter den zahlreichen Kindern, die Werner Siemens' Eltern hinterließen, ist er nicht das einzige gewesen, das als schaffender Mensch Bedeutung erlangte. Zeitlebens war er auf seinem Höhenpfad aufs engste mit drei Brüdern verbunden, von denen jeder in seinem Gebiet Großes geschaffen hat. Wilhelm, Friedrich und Karl Siemens umgeben als ein leuchtendes Dreigestirn die Zentralsonne Werner. In ihren jungen Jahren waren sie alle seine Helfer, und auch später haben sie häufig in seinem Interessenkreis gearbeitet. Aber die wissenschaftlich-technischen Schöpfungen Wilhelms und Friedrichs, die außerordentliche organisatorische Begabung Karls würden auch ohne den großen Bruder es jedem von den Dreien ermöglicht haben, den Namen Siemens bekannt und bedeutsam zu machen.

Die Mitwelt hat die vier Männer mit gleichem Namen gewissermaßen individuell angesiedelt, um sie leichter unterscheiden zu können. Werner war natürlich der »Berliner Siemens«, *Wilhelm* (William), der während des größten Teils seines Lebens in England wirkte und dort als hochberühmter und verehrter Mann starb, der Schöpfer des nach ihm benannten, auf der ganzen Erde angewendeten Stahlbereitungsverfahrens, hieß der »Londoner Siemens«. *Friedrich*, der Erfinder des Regenerativofens und verdiente Förderer der Glasindustrie, wurde der »Dresdener Siemens« genannt. *Karl* endlich, der lange Zeit in Petersburg und im Kaukasus gewirkt hat, war als der »Russische Siemens« bekannt.

Nachzuforschen, wie die gemeinsame Quelle gestaltet war, aus der diese vier prächtigen Ströme entsprangen, ist gewiß eine lohnende Aufgabe. Ihr wollen wir uns zunächst zuwenden, um dann zu beobachten, wie der größte und mächtigste von ihnen in seinem Lauf sich um sperrende Krümmungen windet, über Hindernisse brausend hinwegschießt, Arme aussendet, die sich später wieder mit dem Hauptlauf vereinigen, wie aus dem schmalen Wasser allmählich ein breiter Strom wird, der endlich ruhig und gelassen ins unendliche Meer des Weltruhms und der Unsterblichkeit ausmündet.

Werner Siemens. Geboren 13.12.1816, gestorben 6.12.1892

Voreltern und Elternhaus

Die Ahnenreihe der Siemens schließt sich zu einer Familie von bestem Bürgeradel zusammen. Der Stammbaum läßt sich bis zum Jahre 1523 zurückverfolgen. Da wird in der Bürgerrolle der Stadt *Goslar* ein Petrowin Siemens als Mitglied der Krämergilde und Hauseigentümer genannt. Seine Nachkommen sind Ratsherren und Stadthauptleute in Goslar. Noch heute steht dort ein altes schönes Haus mit geschnitztem Gebälk und Butzenscheiben, das einer der Siemensschen Ahnen errichtet hat; in ihm werden jetzt noch in gewissen Abständen Zusammenkünfte der Siemens abgehalten. Es bestand in der Familie von jeher ein in Bürgerkreisen seltenes Zusammengehörigkeitsgefühl, das bis zum heutigen Tag sorgsam gepflegt wird.

Werner Siemens erwähnt in seinen »Lebenserinnerungen« eine alte, höchst romantische Familienlegende, die er als geschichtlich nicht erwiesen bezeichnet. Indessen ist durch die Forschungen von Stephan Kekulé von Stradonitz festgestellt worden, daß die Erzählung wirklich einen Urahnen des Hauses betrifft und zwar eine Stammutter des Geschlechts. Der Historiograph hat darüber in den »Grenzboten« berichtet:

»Von 1618 bis 1648 wütete in Deutschland der Dreißigjährige Krieg: ein Menschenalter von Blut, Mord und Brand, gänzlicher Vernichtung der beweglichen, Zerstörung der unbeweglichen Habe, eine Zeit geistigen und materiellen Verderbens der Nation.

»Vor den Kriegsgreueln war *Anna Maria Crevet*, die am 4. März 1611 zu Lippstadt geborene bildschöne, schwarzlockige Tochter eines Barbiers mit Namen Gerhard Crevet und seiner ehrsamen Hausfrau Anna Gallenkamm, zu ihrem Vetter Jobs Bruckmann, einem vornehmen Kaufmann, nach Magdeburg geflohen, um in dessen Haus eine sichere Zufluchtsstätte zu finden.

»Im Frühjahr des Jahres 1631 kam es zur Belagerung der Stadt, am 10. Mai alten, 20. Mai neuen Stils zu jener furchtbaren Plünderung, die alles, was bisher im großen Krieg an Scheußlichkeiten verübt worden war, in den Schatten stellte.

»Im Heer der Belagerer diente damals ein Soldat mit Namen Hans Volkmar, geboren am 24. November 1607 zu Hollenstedt an der Leine in der heutigen Provinz Hannover. Einer der eifrigsten bei der Plünderung, drang er mit einer Anzahl Spießgesellen in das Bruckmannsche

Haus. Dieses wurde von unten bis oben durchsucht, und so gelangten die Plünderer auch auf den Heuboden, wo ein großer Heuhaufen ihre Aufmerksamkeit anzog, weil erfahrungsgemäß die Einwohner der Häuser derartige Verstecke zu benutzen pflegten, um Wertvolles darin zu bergen.

»Eifrig stocherte Hans Volkmar mit seinem Mordgewehr im Heuhaufen. Da! Ein dumpfer Schrei, Geraschel. Er wühlt weiter. Da stürzt sich aus dem Heuhaufen ihm zu Füßen, seine Knie umklammernd, ein schönes junges Weib, notdürftig gekleidet, zum Tod erschrocken, aus einer frischen Wunde an der Lende blutend, und fleht mit heißem Ringen ums Leben. Einen Augenblick steht er erstarrt, dann stürzt er sich auf sie, reißt sie hoch, wehrt mit wildem Ruf die Gefährten zurück und eilt mit seiner süßen Beute ins Lager, alle Schätze vergessend.

»Vier Tage nachher, am 14. Mai alten, 24. Mai neuen Stils, wurde das Paar durch einen Feldprediger im Lager getraut.

»Hans Volkmar diente noch eine Zeitlang als Soldat, später ließ er sich in der alten Kaiserstadt Goslar am Harz nieder. Dort erwarb er 1650 das Bürgerrecht, wurde 1652 Achtsmann, 1660 Stadthauptmann und ist am 28. Mai 1678 im 71. Lebensjahr, nachdem er mit seiner bei der Belagerung Magdeburgs gewonnenen Ehefrau 47 Jahre im glücklichsten Ehestand gelebt hatte, gestorben. Seine Witwe überlebte ihn noch lange. Sie starb erst im Jahre 1696 im 85. Jahr ihres Lebens, nachdem sie von 11 Kindern Mutter, von 31 Enkeln Großmutter, von 30 Urenkeln Urgroßmutter geworden war.«

Die älteste Tochter dieser Anna Maria Crevet-Volkmar, namens *Anna*, die am 1. August 1636 geboren wurde, heiratete einen *Hans Siemens*, Stadthauptmann und Achtsmann zu Goslar. Sie brachte in das Geschlecht der Siemens eine Eigentümlichkeit hinein, die es bis heute bewahrt hat, nämlich den Kinderreichtum. Kommen doch in einzelnen Fällen 13, 14 und 15 Kinder eines Ehepaars vor. Das Geschlecht ist noch heute sehr ausgebreitet. An einem Familientag waren nicht weniger als 63 Vertreter des Geschlechts versammelt. Augenblicklich zählt die Familie 38 Mitglieder.

Vom Anfang des achtzehnten Jahrhunderts ab bis auf den Vater der vier berühmten Brüder sind die Ahnen der Siemens meist Landwirte gewesen. Aber das Interesse für mechanisch-technische Dinge und die Erfinderbegabung treten doch mit jenen nicht zum erstenmal in diesem Geschlecht auf.

Schon ein Großonkel der Brüder beschäftigte sich in seinen Mußestunden viel mit optischen Instrumenten und fertigte gern Mikroskope und Fernrohre als Geschenke für seine Verwandten an. Der Onkel Ernst Franz Siemens, der 1780 in Lutter am Barenberg geboren wurde, hat das Sieden und Zerkleinern der Kartoffel bei hoher Temperatur und die Anwendung des Wasserdampfs zur Destillation in die Brennerei eingeführt. Sein Sohn Karl Georg errichtete in Braunschweig die erste große Zuckerfabrik mit Dampfeinrichtung und war Professor der technischen Werkstatt an der Hochschule zu Hohenheim. Ein anderer Sohn, Adolf Siemens, der Offizier bei der Hannoverschen Artillerie war, erfand eine Verbesserung der Schrapnelleinrichtung und einen elektrischen Apparat zum Entfernungsmessen für Geschütze. So ist es also nicht etwas Neues, sondern nur eine freilich rasche und großartige Weiterentwicklung, wenn Werner Siemens den Ruhm des Familiennamens über die ganze Erde trug.

Er wurde am 13. Dezember 1816 als der Sohn des Landwirts *Christian Ferdinand Siemens* und seiner Gattin *Eleonore*, der Tochter des Amtsrats Deichmann in Poggenhagen, zu *Lenthe* bei Hannover geboren. Die Eltern hatten 14 Kinder, nämlich 11 Söhne und 3 Töchter. Das älteste Kind war Ludwig, von dem wir nichts näheres wissen, da er verschollen und ohne Kinder gestorben ist. *Mathilde*, die geliebte Schwester von Werner, war das zweite Kind. Dann folgte ein Sohn Werner, der kurz nach der Geburt gestorben ist. Unser großer Ernst Werner Siemens war das vierte Kind seiner Eltern, Wilhelm das achte, Friedrich das neunte und Karl das zehnte.

Das Obergut Lenthe, auf dem die Eltern lebten, liegt an einem bewaldeten Bergrücken, der vom Deistergebirge abfällt. Es gehörte zu der damaligen Königlich Großbritannischen Provinz Hannover, deren staatliche Organisation noch fast mittelalterlich war. Der Vater wagte es einstmals, ein Rudel der Hirsche einzusperren, die in großer Zahl die Saaten auf schlimmste Weise verwüsteten, aber von niemand angegriffen werden durften. Sofort wurde vom Oberhofjägeramt in Hannover eine Untersuchung gegen ihn eingeleitet, und der Vater hatte es nur einem Glückszufall zu verdanken, daß er mit einer schweren Geldstrafe davonkam. Dieses Erlebnis gab ihm Anlaß, ein Land mit freieren Zuständen aufzusuchen, und er pachtete die Domäne Menzendorf im Fürstentum Ratzeburg, das zu – Mecklenburg gehörte. Dort hat Werner glückliche Jugendjahre verlebt. Die ökonomischen Verhältnisse im Elternhaus waren freilich recht trübselig; die Domäne warf nur einen geringen Gewinn ab, viel zu wenig, um eine so zahlreiche Familie zu ernähren.

Bis zu seinem elften Lebensjahr unterrichtete Großmutter Deichmann – geborene von Scheiter, wie sie nie ihrer Unterschrift beizufügen vergaß – ihren Enkelsohn, und auch der Vater erteilte einige Unterrichtsstunden. Dann wurde die einfache Bürgerschule des eine Stunde weit entfernten Städtchens Schöneberg bezogen. Die wissenschaftlichen Resultate dort waren, wie Werner Siemens selbst feststellt, recht mäßig.

Im Jahre 1828 berief der Vater für seine Kinder einen Hauslehrer, den Kandidaten der Theologie *Sponholz*, der Ausgezeichnetes geleistet haben muß, da Werner seiner noch in hohem Alter mit lebhafter Dankbarkeit gedachte. Leider machte Sponholz nach einigen Jahren seinem Leben durch Selbstmord ein Ende, und nun kam ein trockener Pedant als Lehrer ins Haus, der vieles verdarb, was die Kinder vorher schon in sich aufgenommen hatten.

Als auch dieser Mann im Siemensschen Haus gestorben war, wurde Werner endlich einem systematischen Unterricht zugeführt, indem man ihn auf die Katharinenschule, ein Gymnasium zu Lübeck, sandte. Bei der Prüfung erwies er sich als reif für die Aufnahme in Obertertia. Es hat ihm viel Verdruß bereitet, daß auf diesem Gymnasium ein fast ausschließlicher Wert auf das Erlernen der alten Sprachen gelegt wurde. Für diese hatte er gar kein Interesse, da es bei den grammatischen Regeln »nichts zu denken und nichts zu erkennen gab«. Fast gar nicht gepflegt wurde die Mathematik, für die der junge Werner eine starke Begeisterung fühlte, und in der er auch schon viel wußte, obgleich seine beiden Hauslehrer gar nichts davon verstanden hatten. Nur aus einem inneren Drang heraus hatte er sich so lebhaft mit dieser Wissenschaft beschäftigt, daß er auf dem Gymnasium in dieser Disziplin sogleich eine höhere Klasse besuchen durfte. Schon in der Sekunda ließ er das Studium des Griechischen vollständig fallen und nahm statt dessen Privatstunden in Mathematik und Feldmessen, um sich für das Baufach vorzubereiten, das einzige technische Fach, das es damals gab.

Sein glühender Wunsch war, an der Bauakademie in Berlin studieren zu dürfen. Aber die sehr geringen Mittel des Vaters erlaubten ihm das nicht. Sein Lehrer im Feldmessen, der Leutnant im Lübecker Kontingent Freiherr von Bülzinglöwen, der früher bei der preußischen Artillerie gedient hatte, empfahl ihm, beim preußischen Ingenieurkorps einzutreten, wo er mit Aufwendung geringer Summen dasselbe lernen könnte wie auf der Bauakademie. Das schien Werner hoffnungsreich zu sein, und um Ostern 1834, in seinem siebzehnten Lebensjahr, nahm er Abschied vom Elternhaus, um nach der preußischen Hauptstadt überzusiedeln.

Wir wissen nicht, mit welchen Gefühlen die Eltern, damals wohl schon kränklich und von schweren Sorgen niedergedrückt, ihren Sohn haben fortziehen lassen. Sie mögen ihn als einen Jüngling betrachtet haben, der mit etwas exzentrischen Ideen aus der Art schlug, da er durchaus nicht in dem hergebrachten Kreis der Landwirte bleiben wollte. Niemand konnte gewiß ahnen, daß die als Kuriosität betrachtete Vorliebe für die Mathematik so hohe Bedeutung für das ganze Geschlecht gewinnen sollte.

Die Anfänge

Wir Heutigen haben Mühe, uns die Zeitumstände vorzustellen, unter denen der junge Werner nach Berlin ging. Ging im wahren Sinn des Worts, denn er mußte über die Chaussee wandern, da es eine regelmäßige Verbindung von Mecklenburg nach Berlin nicht gab, und er auch gar nicht imstande gewesen wäre, die Fahrkosten aufzubringen.

Für die Mecklenburger zog er ins Ausland, in das fremde, immer mit einem gewissen Schrecken betrachtete preußische Gebiet hinein. Die Bauern von Menzendorf, die den Knaben liebgewonnen hatten, sandten sogar eine Abordnung an den Vater, um ihn zu bitten, »so einen gauden Jungen« doch nicht nach Preußen gehen zu lassen, wo er notwendigerweise verhungern müsse. Sie dachten, daß das ganze Land aus demselben unfruchtbaren Sand bestünde wie der preußisch-mecklenburgische Grenzrand. Irgendein deutsches Zusammengehörigkeitsgefühl war noch nicht vorhanden; nur der Vater ahnte schon mit ziemlicher Klarheit, daß der Staat Friedrichs des Großen Deutschland einstmals zur Größe emporführen würde.

So trug also der künftige Offiziersaspirant sein gewiß nicht allzu schweres Ränzel über die staubige Landstraße einer Zukunft entgegen, deren Größe ihm durch keine Fata Morgana angezeigt wurde. Der erste Mensch, der sich ihm auf dem neuen Lebensweg beigesellte, war ein junger Knopfmacher. Der zog auch nach Berlin, und mit ihm nahm Werner Siemens in der Knopfmacherherberge sein erstes Quartier.

Das sollte ihm bald sehr übelgenommen werden. Er hatte eine Empfehlung an einen entfernten Verwandten, den Leutnant von Huet bei der reitenden Gardeartillerie, bei sich; diesen suchte er auf und versetzte ihn in größten Schrecken durch die Mitteilung, daß er in der standesunwürdigen Knopfmacherherberge übernachtet habe. Der Leutnant ließ sofort das Ränzel abholen, den jungen Mann in einem besseren Hotel in der Neuen Friedrichstraße unterbringen und sandte ihn zum General von Rauch, den damaligen Chef des Ingenieurkorps.

Der junge Werner trug nun dem General seinen Wunsch vor, als Avantageur sich das Recht auf Einberufung zur Artillerie- und Ingenieurschule zu erdienen. Aber auch hier sollte er keinen Erfolg haben. Der General riet dringend ab, da so viel Vormänner vorhanden wären, daß der Eintritt in die Schule vielleicht erst in vier bis fünf Jahren stattfinden könnte. Er empfahl jedoch, zur Artillerie zu gehen, wo die Aussichten besser seien und eine gleiche Schulbildung erworben werden könnte. Der junge Siemens sah ein, daß dieser Weg wohl der beste sein würde, und mit guter Empfehlung versehen, fuhr er nach Magdeburg zum Kommandeur der dritten Artilleriebrigade, dem Obersten von Scharnhorst, einem Sohn des großen Organisators der preußischen Armee.

Hier stehen wir nun an der Wurzel des wissenschaftlichen Werdegangs von Werner Siemens, der also ebenso im soldatischen Bezirk seinen Anfang nahm wie die Entwicklung eines anderen Großen, dessen Lebenslauf er später kreuzen sollte, Hermann Helmholtz'.

Der Oberst von Scharnhorst machte auch noch einige Schwierigkeiten. Die Zulassung zur Artillerielaufbahn sollte von dem Ausfall eines Examens abhängig gemacht werden. Und auch die Erlaubnis zur Teilnahme an der Prüfung konnte nicht ohne weiteres erteilt werden, denn Siemens war ja als Mecklenburger für Preußen ein Ausländer und mußte zuvor vom mecklenburgischen Militärdienst freigekauft werden. Das ging keinesfalls geschwind. Erst als er sich schon zum Examen begeben wollte und mit großen Sorgen den Freikaufbrief vermißte, kam der Vater selbst auf einem leichten Wagen nach Magdeburg gefahren und übergab seinem Sohn das Dokument, das er der langsamen Beförderung durch die Post nicht hatte anvertrauen wollen.

Siemens hatte sich, obwohl er ausgezeichnete Kenntnisse in der Mathematik besaß, auf das Examen mühselig vorbereiten müssen, da hierbei auch in Geschichte, Geographie und Französisch geprüft wurde; diese Fächer hatte er auf dem Lübecker Gymnasium nur sehr oberflächlich getrieben. Große Kenntnisse hatte er denn darin auch nicht erreicht, am wenigsten in der Erdkunde, aber im Examen half ihm einer jener zahlreichen Zufälle, denen unser großer Mann im Leben so häufig als fördernden oder hemmenden Elementen begegnen sollte.

Die kleine Episode hat uns Werner Siemens selbst in seinen »Lebenserinnerungen« erzählt, einem der schönsten Volksbücher, die wir besitzen; jeder Jüngling sollte es lesen, der sich zu Ausdauer und großen Taten kräftigen will, und jeder Mann, der Erbauung sucht in der Darstellung eines Lebens, das voll ist von Suchen und Finden, von jauchzendem Hoffen und unverzagtem Bescheiden, von Fehlschlägen und prachtvollem Gelingen.

Das dramatische Erlebnis bei der Prüfung trug sich so zu: »Examinator war ein Hauptmann Meinicke, der den Ruf eines sehr gelehrten und dabei originellen Mannes hatte. Er galt für einen großen Kenner des Tokaierweins, wie ich später erfuhr, und das mochte ihn wohl veranlassen, nach der Lage von Tokai zu forschen. Niemand wußte sie, worüber er sehr zornig wurde. Mir als letztem der Reihe fiel zum Glück ein, daß es Tokaierwein gab, der einst meiner kranken Mutter verordnet war, und daß der auch Ungarwein benannt wurde. Auf meine Antwort: »In Ungarn, Herr Hauptmann!« erhellte sich sein Gesicht, und mit dem Ausruf: »Aber, meine Herren, Sie werden doch den Tokaierwein kennen!« gab er mir die beste Zensur in der Geographie.«

So zählte Siemens schließlich zu den vier Glücklichen, die das Examen am besten bestanden. Gewissermaßen haben wir es also dem feurigen Erzeugnis der ungarischen Weinberge zu verdanken, daß er seine Laufbahn in einigermaßen brauchbarer Weise beginnen konnte. Wer weiß, wohin seine Entwicklung geführt hätte, wenn der prüfende Lehrer dem Tokaierwein nicht ergeben gewesen wäre.

Es fehlte aber immer noch eine Planke auf der Brücke, die zur Zukunft führen sollte. Der »Ausländer« mußte erst eine ausdrückliche königliche Genehmigung für den Eintritt ins preußische Heer haben. Sie wurde ihm schließlich erteilt und ward das Eingangstor zu dem Bezirk, den er mit seinem Ruhm erfüllen sollte. »Ich betrachte«, so schrieb Siemens später, »die Kabinettsorder Friedrich Wilhelms III., die mir den Eintritt in die preußische Armee gestattete, als die Eröffnung der einzigen für mich damals geeigneten Bahn, auf der meine Tatkraft sich entfalten konnte.«

Nun ward der junge Artillerist auf dem Domplatz zu Magdeburg gedrillt. Und schon nach sechs Monaten erhielt er die Beförderung zum Bombardier; das war ein Dienstgrad, der ungefähr unserem heutigen Obergefreiten entspricht. Bei den Schießübungen wurde er zum erstenmal seiner besonderen technischen Begabung gewahr, denn es schien ihm hier alles selbstverständlich, was die anderen nur schwer begriffen.

Im Herbst des Jahres 1835 erhielt Siemens endlich das ersehnte Kommando zur Artillerie- und Ingenieurschule in Berlin. Die drei Jahre, die er hier zubrachte, zählt er selbst zu den glücklichsten seines Lebens. Ein wiederum günstiger Zufall wollte es, daß er hier drei sehr bedeutende Naturwissenschaftler als Lehrer vorfand, den Mathematiker und Physiker *Ohm*, der das für die Elektrizitätslehre grundlegende Ohmsche Gesetz aufstellte, den Physiker *Magnus* und den Chemiker *Erdmann*. Nur durch eisernen Fleiß gelang es Siemens, das Fähnrich-, das Armeeoffizier- und endlich das Artillerieexamen zu bestehen; mit großer Not und ohne Auszeichnung kam er durch diese Klippen hindurch, da ihm eben die feste wissenschaftliche Grundlage fehlte. Soweit er irgend Zeit hatte, beschäftigte er sich darum mit seinen Lieblingswissenschaften Mathematik, Physik und Chemie, und diesen Disziplinen hat er sein ganzes Leben hindurch eine treue Zuneigung bewahrt.

Nun war er Sekondeleutnant und kehrte im Sommer 1838 aus Berlin wieder zu seinem Truppenteil nach Magdeburg zurück.

Es begann eine Zeit schwerer Sorgen und Kümmernisse. Während eines vierwöchigen Urlaubs besuchte er mit seinem Freund William *Meyer* das Heimatdorf, und die Wiedersehensfreude mit der vielköpfigen Familie war groß und rührend. Die preußischen Offiziersuniformen imponierten den braven Dörflern lebhaft, und sie begannen einzusehen, daß es in Preußen doch wohl noch andere Menschen geben müsse als Hungerleider. Damals feierte auch die älteste Schwester Mathilde ihre Hochzeit mit dem Professor Karl *Himly* aus Göttingen.

Der Bruder Wilhelm sollte nach der Absicht der Eltern Kaufmann werden. Aber Werner erkannte klar, daß dieses für Wilhelm keine geeignete Laufbahn wäre. Mit großherzigem Entschluß nahm er ihn gelegentlich seines Besuchs in Lenthe aus dem Lübecker Gymnasium und ließ ihn, nachdem die Genehmigung der widerstrebenden Eltern erlangt war, mit nach Magdeburg übersiedeln, wo er seine Erziehung mit treuer Sorge überwachte. Er erteilte dem Bruder selbst an jedem Morgen von fünf bis sieben Uhr mathematischen Unterricht und veranlaßte ihn auch, sich mit der englischen Sprache zu beschäftigen. Beides ist für Wilhelm in der Folge von grundlegender Bedeutung geworden. Um sein eigenes Verdienst zu verdecken, schrieb Werner Siemens später, »daß der dem Bruder erteilte mathematische Unterricht für ihn selbst sehr nützlich gewesen sei, da er dazu beigetragen habe, ihn allen Verlockungen des Offizierslebens siegreich widerstehen zu lassen.«

Zu systematischer wissenschaftlicher Weiterbildung war jetzt wenig Zeit. Aber Werner Siemens begann doch schon ein wenig technisch zu experimentieren. Und das wäre ihm beinahe schlecht bekommen. Der erste Versuch brachte gleich ein jähes, nicht gerade angenehmes Erlebnis. Er hat es in den »Lebenserinnerungen« dargestellt:

»Ich hatte gehört, daß mein Vetter, der hannöversche Artillerieoffizier A. Siemens, erfolgreiche Versuche mit Friktionsschlagröhren angestellt hatte, die anstatt der damals noch ausschließlich gebrauchten brennenden Lunte zum Entzünden der Kanonenladung benutzt werden sollten. Mir leuchtete die Wichtigkeit dieser Erfindung ein, und ich entschloß mich, selbst Versuche nach dieser Richtung zu machen. Da die versuchten Zündmittel nicht sicher genug wirkten, so rührte ich in Ermangelung besserer Gerätschaften in einem Pomadennapf mit sehr dickem Boden einen wässerigen Brei von Phosphor und chlorsaurem Kali zusammen und stellte den Napf, da ich zum Exerzieren fortgehen mußte, gut zugedeckt in eine kühle Fensterecke.

»Als ich zurückkam und mich mit einiger Besorgnis nach meinem gefährlichen Präparat umsah, fand ich es zu meiner Befriedigung noch in derselben Ecke stehen. Als ich es aber vorsichtig hervorholte und das in der Masse stehende Schwefelholz, welches zum Zusammenrühren gedient hatte, nur berührte, entstand eine gewaltige Explosion, die mir den Tschako vom Kopf schleuderte und sämtliche Fensterscheiben samt den Rahmen zertrümmerte. Der ganze obere Teil des Porzellannapfes war als feines Pulver im Zimmer umhergeschleudert, während sein dicker Boden tief in das Fensterbrett eingedrückt war.

»Als Ursache dieser ganz unerwarteten Explosion stellte sich heraus, daß mein Bursche beim Reinmachen des Zimmers das Gefäß in die Ofenröhre gesetzt und dort einige Stunden hatte trocknen lassen, bevor er es wieder an denselben Platz zurücktrug. Wunderbarerweise war ich nicht sichtlich verwundet, nur hatte der gewaltige Luftdruck die Haut meiner linken Hand so gequetscht, daß Zeigefinger und Daumen von einer großen Blutblase bedeckt waren. Leider war mir aber das rechte

Trommelfell zerrissen, was ich sogleich daran erkannte, daß ich die Luft durch beide Ohren ausblasen konnte; das linke Trommelfell war mir schon im Jahre vorher bei einer Schießübung geplatzt. Ich war infolgedessen zunächst ganz taub und hatte noch keinen Laut gehört, als plötzlich die Tür meines Zimmers sich öffnete, und ich sah, daß das ganze Vorzimmer mit entsetzten Menschen angefüllt war. Es hatte sich nämlich sofort das Gerücht verbreitet, einer der beiden im Quartier wohnenden Offiziere hätte sich erschossen.

»Ich habe infolge dieses Unfalls lange an Schwerhörigkeit gelitten und leide auch heute noch hin und wieder daran, wenn sich die verschlossenen Risse in den Trommelfellen gelegentlich wieder öffnen.«

Es gelang also vorläufig noch nicht, eine wichtige Erfindung zu machen, und das war um so betrüblicher, als die finanzielle Lage der Brüder allmählich immer bedenklicher wurde.

Am 8. Juli 1839 starb die heißgeliebte Mutter, und ein halbes Jahr später, am 16. Januar 1840, schied auch der Vater aus dem Leben, zermürbt vom vergeblichen Ringen um den Erwerb des Lebensunterhalts für seine Familie und niedergebeugt von schwerer Sorge, da die Landwirtschaft damals Erkleckliches nicht abwerfen wollte. Es ist ein tragisches Geschick, daß die Eltern dahingehen mußten, bevor noch ein Ahnungsschimmer von dem künftigen Aufstieg ihres Sohns ein wenig lichte Freude in ihr trübes Dasein hatte bringen können.

Auf den ältesten der dem Haus nahegebliebenen Söhne fiel nun als schwere Last die Sorge um die sämtlichen Kinder. Die Domäne Menzendorf wurde den Brüdern Hans und Ferdinand übertragen, die jüngste Schwester Sophie nahm ein Onkel Deichmann in Lübeck an Kindesstatt an, und die jüngsten Brüder Walter und Otto blieben zunächst noch bei der Großmutter in Menzendorf.

Später hat Werner Siemens noch einige der Brüder zu sich genommen, und immer schwerer drängte sich ihm die Notwendigkeit auf, Geldmittel zum Unterhalt für sich und die Geschwister herbeizuschaffen. Er fühlte, daß dies mit Hilfe von Erfindungen wohl am leichtesten der Fall sein würde.

Mehr Muße hierzu als in Magdeburg fand er in der kleinen Garnisonstadt Wittenberg, wohin er im Jahre 1840 kommandiert wurde.

Kurze Zeit vorher hatte *Jacobi* in Dorpat die *Galvanoplastik* erfunden, und gerade als Siemens in dem allzu kleinstädtischen Leben von Wittenberg nach anregender Betätigung suchte, kamen die ersten Nachrichten von dieser so wichtigen Erfindung nach Deutschland. Siemens versuchte sofort, die Methode nachzumachen, und es gelang ihm auch, mit Hilfe des galvanischen Stroms aus einer Lösung von Kupfervitriol Kupferniederschläge auf anderen Metallen zu erhalten. Sein lebhafter Geist führte ihn sofort weiter. Er dachte, daß es doch möglich sein müsse, ebenso wie man Niederschläge aus Kupfer erhielt, auf gleiche Weise auch solche von Gold oder Silber zu erzielen. Daß Gegenstände aus unedlen Metallen, die mit Gold oder Silber überzogen wären, einen sehr viel höheren Wert bekommen müßten, war ohne weiteres einleuchtend.

Einem an sich fatalen Erlebnis, wieder einem plötzlichen Blitz aus der Schicksalswolke, durfte er es verdanken, daß er seine Erfindungsabsicht in voller Ruhe ausarbeiten konnte.

Erste Erfindungen

Siemens hatte an einem der zahlreichen Duelle, wie sie unter den Offizieren der kleinen Garnison häufig vorkamen, als Sekundant teilgenommen, und der Zufall wollte es, daß das Vorkommnis zur Anzeige gelangte. Die Strafen, die das Gesetz damals den Duellteilnehmern androhte, waren äußerst streng. Die Duellanten wurden demzufolge zu zehn, Siemens zu fünf Jahren Festungshaft verurteilt.

Als er sich nach der Zitadelle von Magdeburg begab, um dort seine Strafe anzutreten, versorgte er sich beim Vorübergehen in einer Chemikalienhandlung mit den Mitteln, um seine elektrolytischen Versuche fortsetzen zu können. Er richtete sich in der Zelle ein kleines Laboratorium ein und experimentierte mit Gold in unterschwefligsaurem Natron. Diese Flüssigkeit benutzte er zur Anstellung eines ersten galvanoplastischen Vergoldungsversuchs. Er gelang über alles Erwarten gut.

»Ich glaube«, so schreibt er darüber, »es war eine der größten Freuden meines Lebens, als ein neusilberner Teelöffel, den ich, mit dem Zinkpol eines Daniellschen Elementes verbunden, in einen mit unterschwefligsaurer Goldlösung gefüllten Becher tauchte, während der Kupferpol mit einem Louisdor als Anode verbunden war, sich schon in wenigen Minuten in einen goldenen Löffel vom schönsten, reinsten Goldglanze verwandelte.«

Die goldenen Löffel, die der Leutnant Siemens durch Zauberkraft aus unechten zu erzeugen vermochte, erregten ein solches Aufsehen, daß die Kunde davon über die festen Mauern der Zitadelle hinaus bis in die Stadt drang. Ein Magdeburger Juwelier erschien in der Zelle und kaufte dem jungen Erfinder das Recht zur Anwendung seines Verfahrens für 40 Louisdor ab. So gelangte auf galvanoplastischem Weg auch Gold in Siemens' Portemonnaie, und er hatte nun die Mittel, seine Versuche fortzusetzen. Im Jahre 1842 nahm er sein erstes Patent, das damals nicht länger als fünf Jahre lief, »auf ein Verfahren, Gold behufs der Vergoldung auf nassem Wege mittels des galvanischen Stromes aufzulösen«.

Nun gerade, wo es notwendig war, weiter an dem Verfahren zu arbeiten, erschien unerwartet der wachthabende Offizier in der Zelle und überreichte Siemens zu seinem nicht geringen Schrecken, wie er bekennt, die königliche – Begnadigung. Das war ein schwerer Schlag für ihn, denn die Zelle war vollgestopft mit allen erdenklichen chemischen Stoffen und elektrischen Einrichtungen, und es erschien dem jungen Erfinder ganz unmöglich, diese rasch und glücklich nach dem noch ganz unbekannten Ort zu schaffen, wohin man ihn jetzt versetzen würde. Er tat darum einen nicht ganz gewöhnlichen Schritt.

Er schrieb nämlich an den Festungskommandanten ein Gesuch, in dem er bat, noch einige Zeit in seiner Gefangenenzelle verbleiben zu dürfen, in der er mehr edles Metall zu finden hoffen durfte als in der goldenen Freiheit. Man nahm ihm aber eine solche Undankbarkeit gegen eine königliche Gnade sehr übel und bestand darauf, daß er sich sofort empfehle. Gerade um die Mitternachtsstunde wurde er mit sanfter Gewalt aus der Zitadelle entfernt und befand sich nun inmitten seiner Habseligkeiten hilflos auf der Straße. So kann auch die Gnadensonne einmal wie ein Schadenfeuer wirken.

Aber so ganz verlassen, wie er geglaubt hatte, war er doch nicht. Die vorgesetzte Behörde war offenbar auf seine chemischen Talente aufmerksam gemacht worden, und man sandte ihn nicht nach Wittenberg zurück, sondern kommandierte ihn nach Spandau zur Lustfeuerwerkerei-Abteilung. Hier konnte er seine chemische Kunst lebhaft betätigen, und er machte in dem neuen Wirkungsbereich so rasche Fortschritte, daß ihm ein Feuerwerk, welches er am Geburtstag der Kaiserin von Rußland im Park des Prinzen Carl in Glienicke bei Potsdam abbrannte, wegen der Pracht der Farben viel Ehre und Anerkennung eintrug.

Aber das war doch ein totes Gleis, und zu seiner größten Freude erhielt er bald das längst gewünschte Kommando zur Artilleriewerkstatt in Berlin. Hier war der Ort, wo er seine naturwissenschaftlichen und technischen Kenntnisse, die, wie er wohl wußte, an manchen Stellen noch recht mangelhaft waren, weiter vervollständigen konnte.

Aber noch immer sollte er nicht zu einer systematischen Ausgestaltung seines Wissens gelangen. »Das verdammte Geld«, so schrieb er damals, »ist doch der Knüppel, den man stets am Halse trägt.« Er meinte mit diesem Knüppel das Geld, das man nicht besitzt.

Die Verpflichtung, für die jüngeren Geschwister zu sorgen, drückte immer schwerer, je weiter diese heranwuchsen. Hans und Ferdinand hatten zwar noch immer die Domänenpachtung, aber das aus der Bewirtschaftung gewonnene Geld reichte bei weitem nicht zu der Erziehung der Kinder aus. Der Zwang, Geld verdienen zu müssen, war darum die Peitsche, die Werner vorläufig immer noch von der Wissenschaft forttrieb. Mit Hilfe von Erfindungen dachte er auch jetzt noch, Fortunas Rockzipfel leichter ergreifen zu können.

Vor allem suchte er nun sein Patent auf galvanoplastische Vergoldung und Versilberung richtig zu verwerten. Er trat mit der Neusilberfabrik von J. Henniger in Berlin in Verbindung, die sein Verfahren in größerem Maßstab anwenden wollte und ihn am Gewinn beteiligte. Damit entstand die erste galvanoplastische Anstalt in Deutschland.

Der Gewinn, der in Werner Siemens' Tasche floß, war aber gering, und bald trieb die weitere Not ihn dazu, alle Ansprüche aus dem Vertrag für 800 Taler an die Firma Henniger zu verkaufen. Kaum war dies geschehen, so vergrößerte Henniger seine Fabrikation, die bis dahin nur schwächlich betrieben worden war, ganz bedeutend und zog weiter ansehnliche Gewinne aus dem Verfahren.

Die immer ärger sich fühlbar machende Not trieb Werner Siemens nun dazu, eine richtige Spekulation zu beginnen. Er hatte gehört, daß ein Herr *Elkington* in London gleichfalls ein Verfahren der galvanischen Vergoldung und Versilberung gefunden habe, bei dem er Cyanverbindungen verwendete. Siemens hielt seine unterschwefligsauren Salze für besser wirkend und hoffte darum, in England, dem damaligen Paradies der Technik, dem für alles Neue empfänglichen und zur Aufnahme jeder guten Idee am ehesten bereiten Land, goldene Berge verdienen zu können. Er selbst konnte nicht hinübergehen, da er ja als Offizier an seinen Garnisonort gebannt war. Aber sein Bruder Wilhelm war sehr gern zu der Reise bereit.

Der junge Mann hatte inzwischen einige Zeit in Göttingen bei seiner Schwester Mathilde Himly zugebracht, wo er mit Hilfe seines Schwagers seine naturwissenschaftlichen Kenntnisse hatte vertiefen können. Darauf war er nach Magdeburg zurückgekehrt und dort als Eleve in die Gräflich Stollbergsche Maschinenbauanstalt eingetreten. Dem lebhaften Geist Wilhelms behagte der Aufenthalt gar nicht, und gern ergriff er die Gelegenheit, ins Weite hinauszuziehen. Diese erste Fahrt Wilhelms nach England ist ein richtiger kleiner Roman, dessen günstigen Ausgang der recht klägliche Anfang keinesfalls erwarten ließ.

Im Februar 1843 trat der junge, kaum zwanzigjährige Wilhelm seine Reise an. Er begab sich zunächst nach Hamburg, wo er sich die Mittel für die Überfahrt nach England mit viel Mühe dadurch verschaffte, daß er an einen Fenstersprossenfabrikanten ein galvanisches Verkupferungsverfahren verkaufte und schließlich auch noch alle Chemikalien, die er bei sich hatte und nicht in England einführen wollte, zu Geld machte. Die Gesamtsumme des Erlöses war so gering, daß er im Augenblick der Abfahrt an Werner schrieb, er dürfe in England im ganzen nicht mehr als sechs Louisdor verzehren, wenn er noch imstande sein solle, mit Ehren nach Haus zurückzukehren.

Nach seiner Landung in London nahm er in einer bescheidenen Herberge Quartier. Er hatte vom Leben in England gar keine Kenntnis, beherrschte auch die Sprache des Landes recht mangelhaft. Nur einen einzigen Empfehlungsbrief brachte er mit, aber trotz dieser bescheidenen Ausrüstung warf er sich doch kühn in den Strudel des Lebens der Riesenstadt. Über seine Erlebnisse hat Wilhelm später einmal in einem Vortrag, den er im Jahre 1881 im Rathaus von Birmingham hielt, selbst in interessanter Weise berichtet:

»Ich hoffte irgendein Bureau ausfindig zu machen, wo man Erfindungen einer Prüfung unterwerfen und eventuell je nach Verdienst vergüten würde; doch niemand konnte mir einen derartigen Platz angeben. So spazierte ich denn Finsbury Pavement entlang und sah auf einmal über einer Tür »So und So« – der Name ist mir entfallen – »*Undertaker*« (das bedeutet Unternehmer von Leichenbegängnissen) in großen Buchstaben geschrieben. Halt, dacht' ich, das muß wohl der lange gesuchte Ort sein; denn auf alle Fälle wird doch ein Mann, der sich »*Undertaker*« nennt, sich auch nicht weigern, einen Einblick in meine Erfindung zu tun und mir am Ende dann auch die gewünschte Anerkennung oder besser noch meinen Lohn dafür besorgen können. Beim Eintritt ins Haus überzeugte ich mich jedoch sehr bald, daß ich entschieden zu früh gekommen war, um dort bedient zu werden, und als ich mich dann dem Inhaber des

Etablissements gegenüber befand, deckte ich meinen Rückzug mit einigen abgebrochenen Entschuldigungen, die dem Herrn »*Undertaker*« jedenfalls sehr leer vorgekommen sein müssen.

»Hierdurch keineswegs entmutigt, setzte ich meine Forschungsreise fort und fand endlich meinen Weg zum Patentoffice der Herren Poole & Carpmael, die mich nicht nur freundlich empfingen, sondern mir auch ein Empfehlungsschreiben an Herrn Elkington mitgaben. So ausgerüstet, fuhr ich nach Birmingham, um hier mein Glück zu versuchen.«

Von Birmingham aus trat Wilhelm nun an Elkington heran und glaubte einen großen Trumpf in der Hand zu haben, als er diesem sein vermeintlich besseres Verfahren anbot. Er war gar nicht bescheiden, sondern forderte dafür gleich 3000 Pfund Sterling (60000 Mark). Es ist nicht weiter verwunderlich, daß Elkington auf dieses Angebot des etwas stürmischen jungen Manns nicht einging. Er ließ jedoch Wilhelm zu sich kommen, und dieser erfuhr nun zu seiner nicht geringen Bestürzung, daß Werners Erfindung in einem der Elkingtonschen Patente schon erwähnt, also nicht mehr neu und demgemäß auch kein Handelsobjekt war.

Aber Wilhelm gewann Elkingtons Vertrauen, und dieser erlaubte ihm, in seiner Fabrik zu experimentieren. Hierbei glückte es Wilhelm Siemens, eine bedeutende Verbesserung des Elkingtonschen Verfahrens zu erfinden. Der offenbar sehr vornehm denkende Engländer ermöglichte Wilhelm darauf, ein Patent auf seine Erfindung zu nehmen und zahlte ihm schließlich dafür die Summe von 1600 Pfund Sterling, von der jedoch 110 Pfund Sterling für Patentkosten abgingen.

Wilhelm konnte also mit einer Summe von annähernd 30000 Mark nach Deutschland zurückkehren, wodurch er der Gegenstand staunender Bewunderung für die ganze Familie ward. Die Schwester Mathilde Himly schrieb damals in einem Brief an Werner: »Von unserem lieben Goldfisch erhielt ich vor wenigen Tagen die erste Nachricht, seit er Dich gesehen. Deine Freude über Wilhelms Erscheinen als Croesus! wird wohl so ziemlich so gewesen sein als die meine; bis dahin hatte mich noch nie eine Freude so außer Fassung gebracht. Ach! Werner – warum mußten dies die theuern seligen Eltern nicht erleben! – Werdet Ihr das Geld denn brüderlich theilen? Ich bin überzeugt, daß Wilhelm noch mehr so glücklich spekulieren wird, und so nimm es nur gern an …«

Damit traten nun die Geldsorgen für einige Zeit in den Hintergrund. Aber ein solcher Erfolg hätte bei einem schwächeren Charakter, als er

Werner Siemens zu eigen war, leicht dauernd auf eine schiefe Bahn führen können. So trieb er ihn nur für einige Zeit auf das trügerische Meer der »Erfindungsspekulationen« hinaus, wie er selbst die Bestrebungen jener Zeit später etwas verächtlich genannt hat. Eine Erfindung folgte jetzt rasch der anderen. Wissenschaftliche Bestrebungen wurden zurückgestellt, zumal das aus England gebrachte Geld bei den zahlreichen Verpflichtungen der Brüder nicht lange reichte, und die Bedrängnisse bald wieder begannen.

Werner dehnte zunächst seine elektrolytischen Versuche weiter aus und gelangte dazu, gute *Nickelniederschläge* herzustellen. Das schien etwas sehr Aussichtsreiches zu sein, da die teuren, für den Druck verwendeten gravierten Kupferplatten durch den Nickelüberzug, der die Feinheit der Striche nicht beeinträchtigte, sehr viel haltbarer wurden. Bald jedoch wurde der galvanische Eisenniederschlag erfunden, dem man gegenüber dem Nickelüberzug den Vorzug gab, und die Erfindung konnte nichts mehr einbringen.

Gleichzeitig arbeitete Werner zusammen mit seinem Bruder Wilhelm einen Apparat aus, der imstande sein sollte, den Gang von Dampfmaschinen, die damals noch an vielen Stellen bei ihrer Arbeit durch Wind- und Wassermotoren unterstützt wurden, genau zu regeln. Es sollte dies unter Anwendung des Differentialverfahrens geschehen, und so entstand der *Differenzregulator*.

Dann bemühte sich Werner Siemens, den damals gerade bekannt gewordenen *Zinkdruck* für die Rotationspresse brauchbar zu machen, und erfand ferner das *anastatische Druckverfahren*, das durch Anwendung von Chemikalien gestattet, ältere Drucke zu vervielfältigen. Auch einer Tretfliegemaschine wandte er sein Interesse zu, derselbe Mann, der später behauptet hat, daß man niemals Flugmaschinen würde bauen können, wenn man nicht imstande wäre, Antriebsmaschinen zu erschaffen, die im Verhältnis so leicht und kräftig sind wie die Bewegungsmuskeln der fliegenden Tiere.

Zur Ausbeutung dieser Erfindungen ging Wilhelm Anfang des Jahres 1844 zum zweitenmal nach England, das von da ab seine zweite Heimat wurde. Auch Werner folgte ihm für kurze Zeit dorthin, aber beide mußten bald einsehen, daß ihre hochgespannten Hoffnungen auf Verwertung der Erfindungen aussichtslos waren. Wilhelm hatte für die Abtretung der Rechte auf den Differenzregulator nicht weniger als 720000 Mark gefordert, für das anastatische Druckverfahren gar eine Million

Mark. Nach mehr als einjährigem Aufenthalt in England sah er jedoch all seine Hoffnungen so weit vernichtet, daß er nach Hause schreiben mußte: »Ich bitte nur noch um die notwendigsten Mittel, um meine dringendsten Schulden abzahlen zu können, da ich seit einiger Zeit nicht einmal mehr imstande gewesen bin, meine Hauswirte zu befriedigen.«

Werner lernte bei seiner Rückkehr aus England während eines Aufenthalts in Paris sogar den Hunger kennen. Aus Berlin schreibt er dann an Wilhelm: »Die jetzige Zeit ist der einlaufenden Buchhändler-, Schneider- und sonstigen Rechnungen wegen besonders verdrießlich. Dazu kommt Miete, Schulgeld und weiß der Henker was sonst noch für Lumpereien.« Als es ganz schlimm stand, wurde schließlich durch eine Geldsendung Wilhelms der »dem Verwelken nahe Subsistenzbaum bedeutend erfrischt«.

Theorie und Technik

Es ist heute nicht mehr genau zu verfolgen, wie Werner Siemens sich und seine Geschwister durch diese Periode der drückendsten Sorgen glücklich hindurchgebracht hat. Aber es steht fest, daß der Kummer ihn nicht zu Boden warf, sondern seine Kräfte nur verstärkte, wie die Kraft einer stählernen Feder gesteigert wird, je mehr man sie zusammenpreßt. Eine moralische Stimme in Siemens begann plötzlich deutlich zu sprechen. Er erkannte, daß das Jagen nach Erfindungen, zu dem er sich durch die Leichtigkeit des ersten Erfolgs hatte hinreißen lassen, sowohl ihm wie seinem Bruder zum Verderben gereichen würde. Er sagte sich daher von allen Erfindungen los und gab sich ganz ernsten wissenschaftlichen Studien hin.

Von nun ab beginnt der Werner Siemens, wie wir ihn kennen und wie er uns teuer geworden ist, zu wachsen. Er fühlte deutlich, daß seine Vorbildung noch immer unvollkommen sei und seine Leistungen dadurch zurückgehalten würden. Da er nun Vorlesungen an der Berliner Universität hörte, kam er bald in den anregenden Kreis der später so bedeutend gewordenen jungen Naturforscher Du Bois-Reymond, Brücke, Helmholtz, und durch diesen Verkehr wurde sein ernstes Streben nach wissenschaftlicher Durchbildung seines Geistes mächtig gefördert.

Unter den naturwissenschaftlichen Fragen, die ihn damals sofort lebhaft beschäftigten, stand das Problem der *Heißluftmaschine*, die soeben von Stirling erfunden worden war, voran. Es schien eine Zeitlang, als sollte sie der Antriebsmotor der Zukunft werden, und die erste literarische Arbeit, die Werner Siemens verfaßte, führte den Titel: »*Über die Anwendung der erhitzten Luft als Triebkraft.*« Die Abhandlung erschien im Sommer 1845 in Dinglers »Polytechnischem Journal«. Die abgeklärten Betrachtungen darin sind auffallend, und die strenge Wissenschaftlichkeit darin verblüfft um so mehr, wenn man weiß, daß Werner noch im Anfang des Jahrs in flammendem Enthusiasmus über die Leistungen der Stirlingschen Maschine an Wilhelm geschrieben hatte: »Ein Perpetuum mobile ist jetzt kein Unsinn mehr.« Bis zur Niederschrift seiner Betrachtungen ist er von dieser Ansicht, die ein schwerer Irrtum war, vollständig zurückgekommen, und der Aufsatz steht bereits vollständig auf dem Boden des großen Perpetuum mobile-feindlichen Satzes von der Erhaltung der Kraft, der gerade in jener Zeit von Julius Robert Mayer zum erstenmal ausgesprochen worden, Siemens aber noch nicht bekannt war.

Wenn die Stirlingsche Maschine auch später keine große Bedeutung erlangt hat, so ist sie, abgesehen von der Gelegenheit, die sie Werner Siemens für seine erste wissenschaftliche Betätigung gegeben hat, auch noch dadurch wichtig geworden, daß sie dessen Brüder Wilhelm und Friedrich Siemens zu ihren Arbeiten über die Wärmeausnutzung anregte und so zur Aufstellung des bedeutenden Regenerativprinzips beitrug.

In »Poggendorfs Annalen« erschien im gleichen Jahr die zweite wissenschaftliche Abhandlung aus Werner Siemens' Feder, und deren Thema fiel bereits in das Gebiet der Elektrizität. Den jungen Physiker beschäftigte schon seit längerer Zeit das Problem der *Messung von Geschoßgeschwindigkeiten*. Er sah bald ein, daß die Feststellung äußerst geringer Zeitunterschiede auf dem bisher immer wieder versuchten elektro-magnetischen Weg nicht gelingen könne. Hierbei mußten Massen bewegt werden, und diese brauchten zur Überwindung ihrer natürlichen Trägheit zu lange Zeit. Er ließ darum durch die fliegende Kugel, die an zwei Stellen ihres Wegs Drähte berührte, nicht magnetisierende Ströme schließen, sondern Funkenentladungen hervorrufen, die Marken in einen rasch rotierenden blanken Stahlzylinder brannten. Die Funken besitzen keine Schwere und tun ihre Arbeit darum ohne Verzögerung. Was er in dem Aufsatz »*Über die Anwendung des elektrischen Funkens zur Geschwindigkeitsmessung*« darlegte, wird mit entsprechenden Abänderungen noch heute zur Messung von Geschoßgeschwindigkeiten, insbesondere in Geschützrohren, benutzt.

Seine Bemühungen um die Feststellung der Geschoßgeschwindigkeiten brachte Siemens auch mit dem Uhrmacher *Leonhardt* in Berührung, der für die Artillerieprüfungskommission auf gleichem Gebiet tätig war. Zur selben Zeit machte Leonhardt für den Generalstab der Armee Versuche, die Klarheit darüber schaffen sollten, ob der rascher arbeitende elektrische Telegraph wohl imstande sein könnte, den optischen zu ersetzen. Leonhardt bemühte sich, für diesen Zweck den unzuverlässigen *Zeigertelegraphen von Wheatstone* zu verbessern. Siemens stand ihm hierbei mit plötzlich aufflammendem Interesse eifrig bei. Es gelang ihm zu seiner eigenen Überraschung sehr schnell, den charakteristischen Fehler des Wheatstone-Apparats herauszufinden und diesen durch eine Neukonstruktion zu verbessern.

Sogleich fühlte er deutlich, daß der Telegraph eine große Zukunft haben, und daß er selbst vermutlich befähigt sein würde, an dem Ausbau dieser Zukunft mit Erfolg und Vorteil mitzuarbeiten. Und so sehen wir ihn jetzt den ersten Schritt auf dem Weg tun, der ihn zum Gipfel führen sollte.

Aber schon tritt von neuem der *Deus ex machina* auf und faßt ihn hindernd am Knöchel. Der Gipfelweg verschwindet noch einmal hinter Wolken.

Wenn man erfahren hat, an wie vielen wissenschaftlichen und technischen Dingen Werner Siemens in jener Zeit eifrig und schaffend arbeitete, so denkt man sicher nicht mehr daran, daß er zu jener Zeit noch Offizier war und für alle diese Dinge nur die Zeit übrig hatte, die ihm der Dienst in der Artilleriewerkstatt ließ. Nur eisernster Fleiß vermochte ihm die Kraft zu geben, immer weiter an seinem geistigen Aufstieg zu arbeiten. War der Dienst also längst eine höchst unangenehm empfundene Hemmung, so schien es nun gar einen Augenblick, als ob das Räderwerk der militärischen Zucht die ganze Zukunft des jungen Siemens zwischen seinen Zähnen zermalmen wollte.

Er wurde plötzlich in einen politisch-religiösen Konflikt verwickelt.

Man brachte in jenen bewegten Zeiten den Rundreisen des Predigers Johannes *Ronge*, eines früheren katholischen Kaplans, lebhaftestes Interesse entgegen. Ronge hatte einen scharfen Artikel gegen die von einer wahren Völkerwanderung besuchte Ausstellung des heiligen Rocks in Trier geschrieben und war zur Strafe dafür exkommuniziert worden. Er strebte nun, Deutschland durchziehend, die Gründung einer neuen deutsch-katholischen Kirche an. Auch in Berlin trat er auf, und seine Versammlungen wurden von vielen jungen Offizieren und Beamten besucht, die damals sämtlich liberal dachten.

Werner Siemens hatte sich nicht allzusehr um diese Bewegung gekümmert, da seine naturwissenschaftlich-technischen Bemühungen ihn weit davon hinwegtrugen. Aber er sollte durch eine zunächst ganz äußerliche Berührung doch recht eng damit verknüpft werden. Über diesen Vorgang berichtet er in den »Lebenserinnerungen«:

»Gerade als dieser Rongekultus auf seinem Höhepunkte angelangt war, machte ich mit sämtlichen Offizieren der Artilleriewerkstatt – neun an der Zahl – nach Schluß der Arbeit eine Promenade im Tiergarten. »Unter den Zelten« fanden wir viele Leute versammelt, die lebhaften Reden zuhörten, in denen alle Gesinnungsgenossen aufgefordert wurden, für Johannes Ronge und gegen die Dunkelmänner Stellung zu nehmen. Die Reden waren gut und wirkten vielleicht gerade deswegen so überzeugend und hinreißend, weil man in Preußen bis dahin an öffentliche Reden nicht gewöhnt war.

»Als mir daher beim Fortgehen ein Bogen zur Unterschrift vorgelegt wurde, der mit teilweise bekannten Namen schon beinahe bedeckt war, nahm ich keinen Anstand, auch den meinigen hinzuzufügen. Meinem Beispiel folgten die übrigen zum Teil viel älteren Offiziere ohne Ausnahme. Es dachte sich eigentlich keiner dabei etwas Schlimmes. Jeder hielt es nur für anständig, seine Überzeugung auch seinerseits offen auszusprechen.

»Aber groß war mein Schreck, als ich am anderen Morgen beim Kaffee einen Blick in die Vossische Zeitung warf und als Leitartikel einen »Protest gegen Reaktion und Muckertum« und an der Spitze der Unterschriften meinen Namen und nach ihm die meiner Kameraden fand.«

Die Offiziere erfuhren bald, daß sie zur Strafe aus der Artilleriewerkstatt zu ihren Truppenteilen zurückversetzt werden sollten. Für Siemens drohte also die Gefahr, wieder nach Wittenberg zu kommen, wo natürlich weitere Bestrebungen auf dem Gebiet der Telegraphie unmöglich gewesen wären.

Dagegen empörte sich alles in ihm, und er war schon stark genug, nicht bloß gegen das Schicksal zu wüten, sondern es zu meistern. Er faßte einen Entschluß, der bei jedem anderen als bei einem Menschen von genialer Kraft abenteuerlich zu nennen wäre.

Etwas Besonderes mußte geschehen, um sein weiteres Verbleiben in Berlin zu ermöglichen, das sah er klar. Er mußte eine bedeutende Erfindung machen, und zwar sofort, auf der Stelle! Es war gar keine Zeit zu verlieren.

Doch eine solche Eingebung greift man nicht aus der Luft. Siemens ließ darum alle ihm in letzter Zeit bekannt gewordenen Erfindungen an seinem Auge vorüberziehen, um zu sehen, ob darunter nicht eine wäre, die er in auffallender Weise fördern könnte. In einer schlaflosen Nacht fiel ihm da die *Schießbaumwolle* ein, die vor kurzem von Professor Schönbein in Basel erfunden worden war. Man setzte damals in artilleristischen Kreisen große Hoffnung in diesen Stoff, der bei weitem kräftiger explodierte als das bisher verwendete Schwarzpulver. Störend war nur, daß sich die Schießbaumwolle sehr schnell zersetzte und daher praktisch nicht verwendbar war.

Siemens beschloß in seiner Not, die Schießbaumwolle haltbar zu machen, und ging sogleich mit loderndem Eifer an die Versuche. Von seinem alten Lehrer in der Chemie, Erdmann, erwirkte er sich die Erlaubnis, in dessen Laboratorium in der Königlichen Tierarzneischule experimentieren zu dürfen. Dort versuchte er und versuchte immer von neuem, Baumwolle mit Salpetersäure zu tränken. Er nahm immer stärker konzentrierte Lösungen, aber die größere Luftbeständigkeit wollte sich nicht einstellen.

Schließlich hatte er schon so viel Salpetersäure verbraucht, daß der Vorrat zu Ende zu gehen drohte. Da begann er ihn durch Mischung mit Schwefelsäure zu »strecken«. Und siehe da! Plötzlich hatte er, als er die Baumwolle mit dieser Mischung tränkte, ein vorzügliches Produkt vor sich, das sich nicht zersetzte und ganz ausgezeichnet explodierte. Ja, die Explosionsfähigkeit war sogar noch besser, als Siemens selbst es vermutete, wie er bald zu seinem Schrecken erfahren sollte.

Bis in die Nacht hinein hatte er in seiner Freude über das Gelingen der Versuche eine stattliche Menge der neuen guten Schießbaumwolle hergestellt und sie in den Ofen des Laboratoriums zum Trocknen gelegt. »Als ich nach kurzem Schlaf am frühen Morgen wieder nach dem Laboratorium ging«, so erzählt er, »fand ich den Professor trauernd unter Trümmern in der Mitte des Zimmers stehen. Beim Heizen des Trockenofens hatte sich die Schießbaumwolle entzündet und den Ofen zerstört. Ein Blick machte mir dies und zugleich das vollständige Gelingen meiner Versuche klar. Der Professor, mit dem ich in meiner Freude im Zimmer herumzutanzen suchte, schien mich anfangs für geistig gestört zu halten. Es kostete mir Mühe, ihn zu beruhigen und zur schnellen Wiederaufnahme der Versuche zu bewegen. Um elf Uhr morgens hatte ich schon ein ansehnliches Quantum Schießwolle gut verpackt und sandte es mit einem dienstlichen Schreiben direkt an den Kriegsminister.«

Im Ministerium erkannte man sofort die Wichtigkeit der neuen Zusammensetzung und ließ Schießversuche damit anstellen. Und wenn das Präparat auch in späteren Zeiten die Hoffnungen nicht erfüllte, die man damals darauf setzte, so war ihm doch der Erfolg beschieden, Siemens vor der Strafversetzung zu bewahren. Da man ihn in der Pulverfabrik zu Spandau für den weiteren Ausbau der Erfindung dringend brauchte, so war von der Verbannung nach Wittenberg keine Rede mehr, und von den Kameraden, die jenes Ronge-Manifest unterzeichnet hatten, blieb er als einziger in Berlin zurück. Kühne Selbsthilfe hatte ihn vor dem Verderben bewahrt.

Die Vervollkommnung des Telegraphen wurde darauf weiter eifrig betrieben, obwohl Siemens sich davon eine geschwinde Rettung aus der immer noch andauernden finanziellen Trübsal nicht versprechen konnte. Bald hatte er auf diesem Gebiet Erfindungen von großer und bleibender Bedeutung gemacht, so unter anderem die erste brauchbare Leitungsisolation hergestellt, wovon wir noch ausführlich hören werden; schon erwog er, ob es nicht günstig für ihn wäre, den Abschied vom Militär zu nehmen, um sich ganz der Telegraphentechnik zu widmen; schon gründete er eine kleine Werkstatt zur Ausführung der von ihm erfundenen Apparate, da wird er noch einmal von politischen Ereignissen aus seiner Bahn gerissen.

Revolution und Krieg

Das Jahr 1848 hatte seine drohenden Wolken heraufgeschickt. Ohne darauf vorbereitet zu sein, hörte Siemens plötzlich in sein Laboratorium den Donner der Revolution hineinrollen. Er fühlte bald, daß jetzt keine Zeit wäre, technische Neuerungen für den Staat zu schaffen, aber er stellte sich nicht entmutigt beiseite, um besseres Wetter abzuwarten, er verließ nicht mit einer sentimentalen Träne im Auge den wieder einmal morsch gewordenen Bau seiner Zukunft, sondern er gab sofort darauf acht, was er der Gegenwart Brauchbares leisten könnte.

In Berlin spielten sich die großen Ereignisse der Märztage ab. Siemens, der innerlich an der Bewegung teilnahm, mußte doch persönlich allen Kundgebungen fernbleiben, weil er des Königs Rock trug. Andererseits schloß ihn die Trennung von seinem Truppenteil, die eine Folge seiner Abkommandierung war, von jeder militärischen Aktion aus.

Bald darauf brach die Empörung der Schleswig-Holsteiner gegen die dänische Herrschaft aus. Die Stadt *Kiel* befreite sich zuerst, und bald waren die Dänen aus Schleswig vertrieben. Sie rüsteten sich zur Wiedereroberung und drohten, besonders Kiel durch ein Bombardement zu strafen.

Siemens' Schwager Himly war als Professor der Chemie schon seit längerer Zeit in Kiel ansässig, und die Schwester Mathilde schrieb nach Berlin angstvolle Briefe, denn sie sah schon ihr am Hafen gelegenes Haus von dänischen Kanonen zerstört. Die Einfahrt in die Föhrde war für die feindlichen Schiffe leicht, da die kleine Festung *Friedrichsort*, die den Hafeneingang sperrte, sich noch in dänischen Händen befand.

Der Hilferuf der Schwester löste in Werner Siemens einen Gedanken von größter Tragweite aus. Er wollte den Verwandten zu Hilfe eilen und überlegte sich, wie man wohl imstande sein könne, die Dänen von der Einfahrt in den Hafen zurückzuhalten. Als das einzig mögliche Mittel erschien ihm die Versenkung von großen Pulvermengen in das Wasser des Hafens so, daß sie beim Darüberfahren eines feindlichen Schiffs auf elektrischem Weg zur Explosion gebracht werden konnten. Die Idee der *Unterseemine mit elektrischer Zündung* tauchte hier zum erstenmal auf, und der Gedanke konnte auch nur aus dem Grund gefaßt werden, weil Werner Siemens die einzig brauchbare Isolierung von Leitungsdrähten gegen Seewasser geschaffen hatte.

Er bemühte sich sofort, einen Urlaub zur Fahrt nach Kiel zu erhalten. Die provisorische Regierung in den Herzogtümern, die von dem Plan Kenntnis erlangt hatte, sandte sogar einen besonderen Boten nach Berlin, der die Erlaubnis für Siemens erwirken sollte. Diese konnte jedoch nicht erteilt werden, da ja Preußen und Dänemark sich noch im Friedenszustand befanden. Jeder fühlte aber, daß der Ausbruch des Kriegs nur eine Frage von Tagen war. Die Wartezeit benutzte Siemens, um große Säcke aus starker, mit Kautschuk gedichteter Leinwand anzufertigen, von denen jeder fünf Zentner Pulver faßte; ferner bereitete er die isolierten Leitungen sowie die galvanischen Zündbatterien vor.

Endlich teilte ihm der Departementschef im Kriegsministerium, General von Reyher, in dessen Vorzimmer er täglich auf die Entscheidung wartete, mit, daß der Krieg gegen Dänemark beschlossen wäre, und daß er als erste feindliche Handlung Siemens den gewünschten Urlaub gewähre. Dieser brach sofort nach Kiel auf. Dort brachte sein Erscheinen in preußischer Uniform den Einwohnern die erwünschte Kunde von der ersehnten Kriegserklärung, und der Leutnant Siemens wurde darum mit begeistertem Jubel empfangen.

Sein Schwager Himly hatte indessen in Kiel schon alle Anstalten getroffen, damit die Minen schnell ausgelegt werden könnten, denn man erwartete täglich das Eintreffen der dänischen Flotte.

»Es war«, wie Siemens erzählt, »eine Schiffsladung von Rendsburg bereits eingetroffen, und eine Anzahl großer Stückfässer stand gut gedichtet und verpicht bereit, um einstweilen statt der noch nicht vollendeten Kautschuksäcke benutzt zu werden. Diese Fässer wurden schleunigst mit Pulver gefüllt, mit Zündern versehen und in der für große Schiffe ziemlich engen Fahrstraße vor der Badeanstalt derart verankert, daß sie etwa 20 Fuß unter dem Wasserspiegel schwebten. Die Zündleitungen wurden nach zwei gedeckten Punkten am Ufer geführt, und der Stromlauf so geschaltet, daß eine Mine explodieren mußte, wenn an beiden Punkten gleichzeitig die Kontakte für ihre Leitung geschlossen waren.

»Für jede Mine wurden an den beiden Beobachtungsstellen Richtstäbe aufgestellt und die Instruktion erteilt, daß der Kontakt geschlossen werden müsse, wenn ein feindliches Schiff sich in der Richtlinie der betreffenden Stäbe befinde, und so lange geschlossen bleiben müsse, bis sich das Schiff wieder vollständig aus der Richtlinie entfernt habe. Waren die Kontakte beider Richtlinien in irgendeinem Moment gleichzeitig geschlossen, so mußte das Schiff sich gerade über der Mine befinden. Durch Versuche mit kleinen Minen und Booten wurde konstatiert, daß diese Zündeinrichtung vollkommen sicher funktionierte.«

Sie ist für spätere derartige Einrichtungen vorbildlich geworden.

Doch mit seinen Minen glaubte Siemens den Hafen immer noch nicht genug geschützt. Er berechnete, daß die Dänen, ohne in den Hafen einzufahren, von Friedrichsort her Kiel bombardieren könnten. Daher hielt er es für notwendig, die Eingangsfestung den Feinden aus der Hand zu nehmen.

Er hielt eine flammende Rede an die Kieler Bürgerwehr, und es gelang ihm auch wirklich, sie als Eroberungsheer zu konstituieren. An der Spitze eines Expeditionskorps von 200 Mann zog er aus, und nach kurzer Zeit hatten sie wirklich die Festung Friedrichsort erobert. Sie war nur von wenigen Invaliden besetzt gewesen. »Ein Widerstand irgendwelcher Art machte sich *leider* nicht bemerklich«, so schreibt Siemens darüber.

Auch als Festungskommandant entfaltete er eine seltene Tatkraft. Friedrichsort wurde gleichfalls durch Minen gesichert, von denen eine infolge einer Unvorsichtigkeit explodierte und die ganze Gewalt solcher Anlagen offenbarte. Die Dänen, die von diesen Veranstaltungen hörten, bekamen einen derartigen Respekt davor, daß sie wirklich während des ganzen Kriegs nicht ein einziges Mal versucht haben, in den Kieler Hafen einzufahren. Daher konnten die berühmten Elektrominen im inneren Hafen zwar niemals zur Anwendung kommen, es ist aber kein Zweifel, daß sie im Bedarfsfall ihre ganze Schuldigkeit getan hätten; denn als man die Pulversäcke nach Verlauf von zwei Jahren wieder aus dem Wasser herausnahm, erwies sich der Inhalt noch immer als vollkommen staubtrocken.

Durch ein Schreiben aus dem preußischen Hauptquartier ward Siemens wegen der unter seinem Kommando erfolgten Besitznahme der Seebatterie Friedrichsort feierlich belobt, und als er später mit dem berühmten Führer des Feldheers, dem General *Wrangel*, in einer glänzenden Versammlung von Prinzen und höheren Offizieren zusammentraf, da mußte sich, dem Beispiel des Höchstkommandierenden folgend, die ganze Tafel zu Ehren des kühnen Festungseroberers erheben.

Er hat dann später auch noch die Verteidigung von Eckernförde geleitet. Die von ihm dort angelegten Batterien taten sich später noch rühmlichst dadurch hervor, daß sie das dänische Linienschiff »Christian VIII.« in Brand schossen und die Fregatte »Gefion« kampfunfähig machten. Er selbst aber hatte zu wirklichen Kriegstaten keine Gelegenheit mehr und war daher sehr froh, als die bald beginnenden Friedensverhandlungen ihm gestatteten, nach Berlin zurückzukehren.

Damit schließen Werner Siemens' Werdejahre ab. Es beginnt nunmehr die Zeit der Reife, der großen Schöpfungen, die die Kulturentwicklung der Menschheit bleibend beeinflußt haben. Lange Zeit war es ausschließlich die elektrische Gedankenübermittlung, die Telegraphie, die ihn beschäftigte.

Um die Tragweite der Siemensschen Taten auf dem Gebiet der Telegraphie voll würdigen zu können, ist es notwendig, zu wissen, was bis zu seinem Auftreten auf diesem Gebiet geleistet worden war. Es sei darum hier eine kurze Geschichte der Telegraphie eingeschaltet, wobei wir in der glücklichen Lage sind, einer Darstellung des Meisters selbst folgen zu können, die er einst in einem gemeinverständlichen Vortrag gegeben hat. Dieser ist uns in einer von Virchow und Holtzendorff herausgegebenen Sammlung erhalten geblieben.

Telegraphen-Apparate

Der heutigen Zeit, die hunderttausend Pferdekräfte in Form elektrischer Energie durch dünne Drähte weithin sendet, die sich des Telephons als etwas Selbstverständlichem bedient, erscheint der Telegraph nicht mehr als die höchst geheimnisvolle, ungeahnte Möglichkeiten erschließende Einrichtung, die er für unsere Vorfahren im ersten Viertel des vorigen Jahrhunderts war. Erfüllte der Telegraph doch zum erstenmal einen Wunsch der Menschheit, der seit Jahrhunderten in Märchen- und Sagengestalten immer wieder seinen Ausdruck gefunden hatte: mit der Geschwindigkeit des Blitzes an verschiedenen Orten zugleich wirken, den widerstehenden Raum mühelos überwinden zu können. Hier ward das Wunder vollbracht. Man dachte zunächst an gar keine andere Nutzungsmöglichkeit der eben entdeckten Elektrizität, als daran, ihre Fähigkeit der fast unendlich raschen Ausbreitung zur geschwinden Übermittlung des Gedankens von Ort zu Ort auszunutzen. Die Bemühungen hierum setzten mit raschem Zugreifen ein.

Im Jahre 1780 sah *Galvani* den Froschschenkel, den er, auf einen kupfernen Haken gespießt, am eisernen Treppengeländer aufgehängt hatte, in geheimnisvoller Weise zucken. 1794 klärte Alessandro *Volta* die Ursache dieser Muskelkontraktion auf. Er stellte fest, daß nicht eine geheimnisvolle Kraft im Froschschenkel selbst, sondern durchfließende Elektrizität die Ursache gewesen sei. Mit Hilfe der Voltaschen Säule gelang es zum erstenmal, dauernde galvanische Ströme zu erzeugen.

Man erfuhr bald, daß solch ein Strom beim Durchgang durch gesäuertes Wasser imstande sei, dieses in seine chemischen Bestandteile, Sauerstoff und Wasserstoff, zu zerlegen. Und schon im Jahre 1808 machte der Münchener Arzt *Dr. Sömmering* den Vorschlag, diese Eigenschaft des elektrischen Stroms zur Herstellung einer telegraphischen Verbindung entfernter Orte zu benutzen.

Sömmering brachte in einem Glasgefäß 26 Goldspitzen an, von denen jede mit einem Buchstaben des Alphabets bezeichnet war. Die Spitzen standen durch 26 Leitungen mit ebensovielen Tasten am Gebeort in Verbindung. In einen 27. Draht, der die Flüssigkeit im Gefäß leitend mit der Gebestation verband, war eine galvanische Batterie eingeschaltet. Sobald am Gebeort eine Taste niedergedrückt wurde, begann eine Entwicklung von Gasbläschen an der betreffenden Goldspitze der Empfangsstelle, so daß der Beobachter am Empfangsort erkennen konnte, welche Taste in der Ferne niedergedrückt worden war. Auf diese Weise vermochte man also, wenn auch langsam, Worte zu übermitteln.

Sömmering stellte diesen ersten elektrischen Telegraphen der Münchener Akademie vor. Aber wegen der vielen Leitungen, die notwendig waren, und infolge der Schwierigkeit, diese genügend zu isolieren, konnte die Anordnung keine praktische Verwendung finden.

Professor *Schweigger* in Erlangen schlug darum vor, statt der 26 Goldspitzen nur 2 zu nehmen. Durch eine Vorrichtung, die ein Umpolen der stromgebenden Batterie gestattete, wollte er die Entwicklung von Wasserstoff willkürlich bald an der einen, bald an der anderen Spitze stattfinden lassen. Man sieht nämlich an der Wasserstoffspitze eine bedeutend größere Zahl von Gasbläschen aufsteigen als an der anderen, wo Sauerstoff erzeugt wird. War nun ein Alphabet vereinbart, das jeden Buchstaben durch eine bestimmte Reihenfolge der ihren Ort wechselnden Wasserstoffentwicklung darstellte, so konnte man mit Hilfe von zwei Drähten dasselbe erreichen wie Sömmering mit seiner großen Zahl von Leitungen. Doch auch der Schweiggersche Telegraph hat keine praktische Verwendung gefunden, da mit den damaligen Hilfsmitteln eine deutliche Abgabe der Gasbläschenzeichen nicht möglich war.

Erst als *Örsted* in Kopenhagen im Jahre 1820 die epochale Entdeckung gemacht hatte, daß ein elektrischer Strom, der in der Nähe einer frei schwebenden Magnetnadel parallel mit dieser vorbeigeführt wird, die Nadel abzulenken vermag, und daß diese Ablenkung von der Richtung des elektrischen Stroms abhängt, tat die Telegraphie einen weiteren wichtigen Schritt.

Ampère in Paris schlug sofort vor, diese Eigenschaft des elektrischen Stroms zur Übermittlung von Nachrichten zu verwenden. Er wollte so viel Nadeln aufhängen, wie das Alphabet Buchstaben besitzt, und eine jede Nadel durch einen darunter fortgeführten Draht von fernher ablenkbar machen. Hierzu hätte man wiederum 27 Drähte nötig gehabt. Ein solcher Ampèrescher Apparat ist nie gebaut worden.

Fechner gab aber hierzu eine ebensolche Vereinfachung an, wie sie Schweigger für den Sömmeringschen Apparat empfohlen hatte, indem er nur *eine* Nadel mit willkürlich wechselnder Ablenkung nach beiden Richtungen anordnete. Die Wirkung der Ströme wurde dadurch verstärkt, daß man den Draht in vielen Windungen um die Nadel herumführte. Nadeltelegraphen, die auf diesem Fechnerschen Grundgedanken beruhen, sind später, als die Technik weiter vorgeschritten war, häufig angewendet worden und, wenn auch in abgeänderter Form, bei Beobachtungsinstrumenten noch heute im Gebrauch.

Nicht lange darauf wurden durch *Arago* und namentlich durch die genialen Forschungen Michael *Faradays* der Elektromagnetismus und die Magnetinduktion entdeckt. *Gauß* und *Weber* in Göttingen benutzten die Tatsache, daß die Verschiebung einer Drahtrolle in einem magnetischen Feld Stromstöße hervorruft, dazu, einen Nadelempfänger zu beeinflussen. Dieser erste Telegraph, bei dem kein Batteriestrom verwendet wurde, ist besonders bedeutungsvoll dadurch geworden, daß er zum erstenmal zu einer wirklichen telegraphischen Verbindung über eine gewisse Entfernung gedient hat. In dem Zeitabschnitt von 1833 bis 1844 verband ein Gauß-Weberscher Telegraph das Observatorium in Göttingen mit der dortigen Sternwarte. Im letztgenannten Jahr schlug ein Blitz in die über die Stadt Göttingen geführte Leitung und zerstörte sie vollständig.

Steinheil in München baute im Jahre 1837 die zweite in Gebrauch genommene Telegraphenanlage zwischen dem Akademiegebäude in der bayerischen Hauptstadt und der Sternwarte im benachbarten Bogenhausen. Ihm gelang es schon, die Nadelschwankungen auf einen vorbeigleitenden Papierstreifen durch feine Farblinien aufzeichnen zu lassen, und ihm gebührt darum das Verdienst, den ersten Schreibtelegraphen hergestellt zu haben. Er war es auch, der die Entdeckung machte, daß man mit einem einzigen Leitungsdraht auskommen und die Erde als Rückleitung benutzen könne, wenn man sowohl am Gebe- wie am Empfangsort je eine mit der Leitung verbundene Metallplatte in offenes Wasser oder in feuchtes Erdreich einsenkt. *Schilling von Cannstadt* erweiterte den Steinheilschen Telegraphen durch die Zufügung eines Glockenwerks, das durch die erste Ablenkung der Magnetnadel ausgelöst wurde.

Bis dahin waren es ausschließlich Deutsche gewesen, die an der Entwicklung des Telegraphen gearbeitet hatten. Nun ging die Führung eine Zeitlang an die Engländer und Amerikaner über. *Wheatstone* und *Morse* waren es, die durch ihre Apparate eine neue große Periode der elektrischen Nachrichtenübermittlung herbeiführten. Aber sofort war es von neuem einem Deutschen beschieden, hier bahnbrechend einzugreifen, und dieser Deutsche hieß Werner Siemens.

Bis zu seinem Auftreten konnte von einem richtigen telegraphischen Verkehr nicht die Rede sein. Zehn Jahre später war das große Welttelegraphennetz bereits in lebhaftem Ausbau und ist auf den Bahnen, die Siemens ihm vorgeschrieben hat, bis zum heutigen Tag weitergeführt worden.

Als Siemens den Wheatstoneschen Zeigertelegraphen kennen lernte, gelang ihm, wie wir wissen, sofort eine Verbesserung dieser unzuverlässigen Maschine. Wheatstone hatte die Buchstaben des Alphabets im Kreis auf einem Zifferblatt angeordnet. Darüber war eine drehbare Nadel angebracht. An dem Empfangsort befand sich ein gleicher Buchstabenkreis, über den man eine Kurbel hinwegbewegen konnte. Durch das Drehen der Kurbel von einem Buchstaben zum anderen wurde immer ein Stromstoß in die Leitung gesandt, und damit die Nadel um einen Buchstaben weiterbewegt. Kurbel und Nadel sollten auf diese Weise stets den gleichen Stand haben, so daß in einfachster Weise hätte telegraphiert werden können. Die Übereinstimmung war jedoch äußerst mangelhaft, und erst Siemens vermochte hier Sicherheit zu erwirken. Er formte den Apparat dann noch weiter um, indem er an die Stelle der gebenden Kurbel Tasten mit Buchstabenbenennung setzte.

Die gesamte Bemühung um die Nadeltelegraphie war jedoch sofort zu Ende, als der *Morse-Apparat* erschien. Hier wurde der vortreffliche Gedanke verwendet, durch einen Magnet einen Anker anziehen zu lassen und dadurch ein Aufschreiben von Zeichen auf einem an der Ankerspitze vorbeirollenden Papierstreifen zu bewirken. Sobald man am Gebeort durch Niederdrücken einer Taste einen Stromschluß hervorruft, wird drüben der Anker angezogen, und dessen Spitze schreibt bei längerem Niederdrücken der Taste auf den Papierstreifen einen Strich, bei kürzerem Niederhalten einen Punkt. Aus Punkten und Strichen setzte Morse in ausgezeichneter Weise ein Alphabet zusammen, das wir noch heute in der Draht- und sogar in der Funkentelegraphie verwenden. Der Apparat wurde zum Grundpfeiler der elektrischen Nachrichtenübermittlung.

Aber doch nur, nachdem er durch Siemens' Hand die brauchbare Gestalt erhalten, und nachdem seiner Wirkungsfähigkeit durch denselben Mann freie Bahn eröffnet worden war.

So wie der Morse-Apparat nach Europa kam, als Uhrmacherarbeit, war er keinesfalls zu verwenden. An ihm betätigte Siemens zum erstenmal seinen fabrikatorisch-technischen Grundsatz, dem er das ganze Leben hindurch treu geblieben ist, nämlich, sorgfältige und dauerhafte Arbeit zu leisten. So gab er dem Morse haltbare Laufwerke mit Selbstregulierung der Geschwindigkeit, zuverlässig wirkende Magnetsysteme und sichere Kontakte. Er bildete ihn allmählich zu dem Apparat durch, der heute noch als Normal-Morseschreiber bei den Eisenbahnen und Postanstalten Deutschlands in großer Zahl verwendet wird.

Schon überraschend frühzeitig dachte Siemens daran, den telegraphischen Verkehr dadurch zu beschleunigen und zugleich die Depeschen klarer lesbar zu machen, daß er Apparate für *automatische Sendung* konstruierte. Er ließ Typen, die mit den Morsezeichen versehen waren, zusammensetzen und sie unter einer Vorrichtung rasch hindurchtreiben, die nun Punkte und Striche geschwind durch die Leitung schickte. Später verbesserte er durch die Konstruktion einer *Dreitastenstanzmaschine* den selbsttätigen Lochstreifensender, der die Grundlage für die feinste Blüte der automatischen Zeichengebung, den Siemens & Halskeschen Schnelltelegraphen, geworden ist; mit diesem kann man heute bis zu 2000 Zeichen in der Minute durch den Draht senden.

Ein wenig an Zauberei gemahnt immer das Verfahren, das uns ermöglicht, durch *einen* Draht zu gleicher Zeit zwei Telegramme nach beiden Richtungen zu senden. Von jeder der beiden Leitungsendstellen aus wird im gleichen Augenblick etwas anders telegraphiert; die Ströme durchdringen sich sozusagen gegenseitig in der Leitung, aber sie stören einander dennoch nicht. Ganz deutlich und klar kommt jedes der beiden zur gleichen Zeit durch den Draht laufenden Telegramme am Empfangsort an. Werner Siemens ist es gewesen, der diese *Gegensprechmethode*, wie sie noch heute genannt wird, erfunden hat. Die Möglichkeit dazu wird durch eine sehr fein erdachte Schaltungsmethode an beiden Endpunkten der Leitung gegeben. Zur selben Zeit wie Siemens erfand auch der Telegrapheninspektor Carl *Frischen* in Hannover das Gegensprechen; dieser hat später als Ingenieur der Firma Siemens & Halske dort eine bedeutende Stellung eingenommen und ist der Vater des Blocksystems, der wichtigsten Sicherungsanlage für Eisenbahnen, geworden.

Als sich bei der immer größer werdenden Ausdehnung der Telegraphenleitungen die Notwendigkeit zeigte, die niedrig gespannten Batterieströme in höher gespannte Gleichströme umzuwandeln, konstruierte Werner Siemens eine *Tellermaschine*, welche die damals technisch nicht einfache Aufgabe glänzend löste. Diese Tellermaschine ist als Vorläuferin der Dynamomaschine anzusehen, und zugleich ist in ihr zum erstenmal das Prinzip des *Transformators* verwendet, das für die heutige Starkstromtechnik eine so überragende Bedeutung gewonnen hat.

Allen wohl sind die großen Läutewerke bekannt, die an jeder Eisenbahnwärterbude stehen. Sie dienen dazu, dem Wärter durch das Ertönen der Glocke erkennen zu lassen, daß alsbald ein Zug herankommen wird. Die Signale werden mittels des elektrischen Stroms von dem nächsten Bahnhof her gegeben. Im Anfang mußte man so kräftige Ströme hierfür verwenden, daß sie imstande waren, die schweren Glockenklöppel selbst durch Magnetanziehung in Tätigkeit zu setzen. Siemens führte hier durch einen Gedanken, der fortab auch an vielen anderen Stellen verwendet worden ist, eine sehr bedeutende Erleichterung der Zeichengebung ein. Er brachte in den Gehäusen der Glocken Uhrwerke an, durch die, sobald die Sperrung ausgelöst ist, die Klöppel bewegt, und so die Glocken zum Tönen gebracht werden. Der elektrische Strom braucht jetzt im Augenblick der Zeichengebung nur noch die *Sperrung auszulösen*, kann also sehr viel schwächer sein.

Die Beschäftigung mit den Eisenbahnläutewerken regte Werner Siemens auch dazu an, darüber nachzudenken, ob die sehr unbequemen galvanischen Batterien, die sehr viel Wartung beanspruchen und auf den an der freien Strecke gelegenen Zwischenpunkten niemals sachgemäß gepflegt wurden, nicht durch andere Stromgeber ersetzt werden könnten. Es gab damals schon die Magnetinduktionsmaschine, bei der durch Drehen eines Ankers zwischen den Polen von Stahlmagneten Elektrizität erzeugt wurde. Siemens war jedoch nicht der Mann, diese Maschine, als sie ihm für seine Zwecke geeignet schien, einfach in der hergebrachten Form zu übernehmen. Er erfand vielmehr sofort eine Verbesserung, die wohl zum erstenmal seinen Namen in der ganzen technischen Welt bekannt gemacht hat.

Es entstand für diese Eisenbahnläutewerke der *Doppel-T-Anker*, in England *Siemens armature* genannt. Dieser verbesserte den Wirkungsgrad der Induktoren ganz außerordentlich, und wir werden seine Bedeutung auch für die Dynamomaschine später noch kennen lernen. Heute noch ist der Doppel-T-Anker bei allen Magnetinduktoren, die für Telephonruf und für Signalzwecke verwendet werden, in sämtlichen Ländern der Erde in unzähligen Exemplaren im Gebrauch.

Aber trotz dieser fruchtbaren erfinderischen Tätigkeit liegt die epochale Leistung Werner Siemens' für die Telegraphie doch auf einem Gebiet, das mit deren Apparatur selbst nichts zu tun hat, sondern nur das anscheinend nebensächliche, aber schließlich doch wichtigste Zwischenglied betrifft: die Leitung.

»Der Gelehrte«, so schreibt er einmal, »konnte leicht Methoden und Kombinationen ersinnen, welche telegraphische Mitteilungen möglich machten, und welche sich auch, im Zimmer versucht, trefflich bewährten. In Wirklichkeit trat aber ein neues schlimmes Element hinzu, welches seine Pläne durchkreuzte – die isolierte Leitung zwischen den telegraphisch zu verbindenden Orten.« Seltsamerweise bevorzugte man in jenen Zeiten die unterirdischen Telegraphenleitungen vor den durch die Luft geführten. Um so mehr war eine gründliche Isolierung der Drähte notwendig, und eine solche war nicht vorhanden. Gerade das trieb Siemens dazu, der Telegraphie seine Lebensarbeit zu widmen.

Das Leitungsnetz

Schon gleich nachdem ihm die Verbesserung des Wheatstoneschen Zeigertelegraphen gelungen, war es, wie wir schon gehört haben, Werner Siemens ganz klar geworden, daß er hier seinen Lebensweg gefunden habe. Endgültig warf er alle »Erfindungsspekulationen« hinter sich und begann eine Arbeit, die erst in der Zukunft Früchte bringen konnte, obgleich die materiellen Sorgen ihn schwer bedrängten.

Am 13. Dezember 1846 schreibt er an seinen Bruder Wilhelm: »Ich bin jetzt ziemlich entschlossen, mir eine feste Laufbahn durch die Telegraphie zu bilden, sei es in oder außer dem Militär. Die Telegraphie wird eine eigene wichtige Branche der wissenschaftlichen Technik werden, und ich fühle mich einigermaßen berufen, organisierend in ihr aufzutreten, da sie, meiner Überzeugung nach, noch in ihrer ersten Kindheit liegt ... Man muß doch endlich einmal suchen, irgendwo festen Fuß zu fassen. Meyer schenkte mir gestern eine Tasse mit der Aufschrift: »Schier dreißig Jahre bist du alt!« – Die Wahrheit dieses Ausspruchs macht bedenklich und spornt zur Eile an. Wenn nur das verdammte Geld einen nicht im Drecke festhielte!«

Und dann kommt es wie eine Offenbarung über ihn, daß er richtig gehandelt habe und niemals mehr werde zurückzuweichen brauchen. In einem Brief vom 3. Januar 1847 an Wilhelm, der ihm inzwischen geantwortet und ihn in seinem Vorhaben bestärkt hatte, heißt es:

»Die trübe Stimmung (der Neujahrsnacht) wurde durch die neue Bahn, die ich mir zum 30. Geburtstage geschenkt habe, gemildert. Ich habe mich im alten Jahre aller sanguinischen Hoffnungen, aller der vielen sich teils durchkreuzenden Pläne entledigt und will, mit Deinem Rate übereinstimmend, alle meine Kräfte dem einen Ziele, der galvanischen Telegraphie und was daran hängt und dazu nutzt, widmen! Ich will suchen, mich mit aller Anstrengung aus der verzweifelten Lage, in der ich mich befinde, herauszuarbeiten und wünsche mir selbst Ausdauer und Gesundheit dazu ...

»Ich kündige Dir hierdurch unsere Kompanieschaft und entsage allen Ansprüchen auf die aus einer durch Dich vielleicht herbeigeführten glücklichen Wendung unserer bisherigen gemeinsamen Angelegenheiten entspringenden Einnahmen. Wir können darum doch treue Brüder bleiben, können uns gegenseitig raten und helfen.«

Ist es nicht, als wenn hier die Macht, die das Schicksal der Menschheit lenkt, ihrem Werkzeug zugeflüstert habe: das gelobte Land liegt hier vor dir!

Denn in Wirklichkeit war ja noch gar nichts geschehen, was zu großen Hoffnungen berechtigte. Nun erst setzt sich Siemens mit einer kleinen Werkstatt in Verbindung, die von den Mechanikern Böttcher und *Halske* geleitet wurde. Er zeigt einen von ihm erdachten Telegraphenapparat, und der vorzügliche Gang begeistert Halske so sehr, daß er sofort beschließt, den Apparat mechanisch exakt auszuführen.

Siemens hatte lange gesucht, bis er in der damaligen noch so untechnischen Welt jemand fand, auf dessen Arbeit er sich verlassen konnte. Er wußte ganz genau, daß von der Sorgfalt der mechanischen Abarbeitung alles künftige Gelingen beim Ausbau der Telegraphenapparatur abhing. Und das ist ein Grundsatz, den er später auf die Großfabrikation übertragen hat, und der lebhaft mithalf, die von ihm begründete Firma groß und bedeutend zu machen.

Die überraschend sicher laufenden Apparate erregten das Interesse des Generalstabs, in dessen Händen damals die gesamte Telegraphie lag.

Der Telegraphendirektor Oberst Etzel erwirkte, als schon wieder eine Rückversetzung nach Wittenberg drohte, Siemens' Kommandierung zur Militärtelegraphie.

Hierbei nahm Werner Siemens wahr, daß die Hauptschwierigkeit beim Bau der gewünschten unterirdischen Leitungen die mangelhafte Isolation war. Jacobi hatte versucht, die Leitungen mit Kautschuk oder Harzen zu umkleiden und sie durch Glasröhren hindurchzuziehen. Aber die Feuchtigkeit des Bodens drang in die Nähte des Kautschuks und in die Verbindungsstellen zwischen den Glasröhren ein. Nur eine zusammenhängende isolierende Masse konnte hier helfen. Es gelang Siemens, sie aufzufinden.

Kurz vor jener Periode hatte José d'Almeida der Asiatischen Gesellschaft in London ein Stück *Guttapercha* vorgelegt. Dieser Stoff wird aus dem Saft eines Baums gewonnen, der nur auf der Halbinsel Malakka, den Inseln Sumatra und Borneo sowie einigen kleinen benachbarten Inselgruppen wächst. Man schenkte der Guttapercha jedoch keinerlei Interesse, bis der Arzt Montgomery einige daraus gefertigte Gegenstände, wie Rohre und Flaschen, aus Hinterindien nach England mitbrachte. Da wurde Wilhelm Siemens darauf aufmerksam und schickte seinem Bruder Werner ein Stück Guttapercha als Kuriosität zu.

Dieser beobachtete, daß die Masse in erwärmtem Zustand plastisch wurde und sehr gute isolierende Eigenschaften besaß. Er überzog einige Drahtproben mit erwärmter Guttapercha und fand, daß die Drähte vorzüglich isoliert waren. Sogleich legte er der Telegraphenkommission die Guttaperchaleitungen vor, und man veranstaltete eine Probeverlegung auf dem Gelände der Anhaltischen Bahn. Es zeigte sich jedoch bald, daß die Naht, die in der Umhüllung vorhanden war, weil man die erwärmte Guttapercha um den Draht herumgewalzt hatte, sich leicht löste, wodurch die Isolierung unbrauchbar wurde. Da erfand Werner Siemens die *Guttapercha-Schraubenpresse*, die gestattete, den Stoff unter Anwendung hohen Drucks nahtlos um den Kupferdraht zu fügen. Das ist das große Ereignis, von dem ab die Menschheit in den Besitz ausgezeichnet isolierter Drähte gelangte.

Sofort wurde Werner Siemens beauftragt, eine längere unterirdische Leitung zu legen, und zwar von Berlin bis Großbeeren. Sie bewährte sich ausgezeichnet. Und nun erschien Siemens das Aufblühen des Telegraphen unmittelbar bevorzustehen.

Obgleich er noch immer Offizier war, veranlaßte er den Mechaniker J. G. Halske, aus der Firma, der er bisher angehörte, auszutreten und mit ihm zusammen eine Werkstatt zu begründen. Am 12. Oktober 1847 wurde diese in einem Hinterhaus der Schöneberger Straße eröffnet, in dem auch Halske und Siemens selbst Wohnung nahmen. Ein Vetter, der Justizrat Georg Siemens, der spätere Direktor der Deutschen Bank und Vater des Bagdadbahn-Unternehmens, hatte hierzu 6000 Taler hergegeben. Diese Anleihe ist die einzige geblieben, die für das Geschäft gemacht wurde. Ohne weitere Inanspruchnahme fremden Kapitals erwuchs hieraus die Weltfirma Siemens & Halske. Wir werden im Verlauf der nun folgenden Darstellung die Entwicklung dieser Firma nicht genauer verfolgen, da sie in einem späteren besonderen Abschnitt zusammenhängend dargestellt werden soll.

Vorläufig konnte der Leutnant Siemens nur als stiller Teilnehmer an dem Geschäft mitarbeiten, aber er war doch die tragende Kraft des Unternehmens. Als ihm kurze Zeit später die Stellung als Leiter der preußischen Staatstelegraphen angeboten wurde, lehnte er jugendkräftig diese bequeme Versorgung ab, um die Hände zu weiteren selbständigen Arbeiten frei zu haben.

Aber schon in dieser Periode geringer Entwicklung dachte er daran, welchen Nutzen der Telegraph der Allgemeinheit bringen könnte. Er kämpfte in der Kommission des Generalstabs dafür, daß die Benutzung der Telegraphenlinien auch dem Publikum gestattet würde, was bis dahin nicht der Fall war. Es gelang jedoch erst später, diesen Gedanken durchzusetzen, der das öffentliche Wohl so lebhaft fördern sollte.

Während sich nun alles in bester Entwicklung befand, brach der Sturm von 1848 los, dessen Einwirkung auf Werner Siemens wir bereits geschildert haben, ebenso wie seine Teilnahme an dem Kampf gegen Dänemark. Dabei haben wir gesehen, wie vortrefflich er die eben neu hergestellten Leitungen mit Guttapercha-Isolierung für die Minen zur Verteidigung des Hafens zu verwenden wußte.

Als der Festungseroberer und Batteriekommandant heimkehrte, fand er eine recht lebhaft veränderte Situation vor. Die Telegraphenverwaltung war dem Militär entzogen und dem Handelsministerium unterstellt worden. Zum Leiter dieser Abteilung war ein Regierungsassessor *Nottebohm* ernannt worden, den Siemens von einem Verwaltungsposten in der Telegraphenkommission her kannte und nicht sonderlich schätzte. Halske hatte inzwischen dafür gesorgt, daß die kleine Fabrik weiterarbeitete, und so konnte sie sich gleich an der Ausführung eines großen Unternehmens beteiligen, zu dessen Leitung Werner Siemens berufen wurde.

Man wollte möglichst schnell eine *unterirdische Leitung von Berlin nach Frankfurt a. M.* verlegt haben, wo die Deutsche Nationalversammlung, das berühmte Parlament der Paulskirche, tagte. Mit der Lieferung der Apparate wurde Halske beauftragt. Die isolierten Drähte wurden von der Berliner Gummifabrik Fonrobert & Pruckner bezogen, an die Siemens das Recht zur Herstellung der Guttapercha-Isolierung mit der von ihm erfundenen Presse übertragen hatte.

Siemens war also, wie Ehrenberg schreibt, an dem Bau der Linie nach Frankfurt in dreifacher Weise beteiligt: als Staatsangestellter, als stiller Teilhaber von Halske und als vertragsmäßig beteiligter Interessent bei der Firma, welche die Leitungen lieferte. Es war ein verwickeltes und offenbar auf die Dauer nicht mögliches Verhältnis. Dabei wurde an dem Unternehmen nicht viel verdient. Werner meinte: »Wenn 5000 Taler übrigbleiben, können wir zufrieden sein!« Doch wurden es schließlich bei weitem nicht so viel.

Selbstverständlich mußte die Leitung unterirdisch geführt werden, da man in Deutschland, wie damals überall, die Furcht hegte, daß oberirdisch geführte Drähte von Mutwilligen zerstört oder von diebischen Leuten, die der Wert der Drähte lockte, herabgerissen werden könnten. Siemens empfahl, sich bei den in die Erde einzusenkenden Kabeln mit der bloßen Isolation nicht zu begnügen, sondern sie noch mit einem Eisenbandmantel zu umkleiden, damit sie Beschädigungen genügenden Widerstand entgegensetzen könnten. Doch in Rücksicht auf die erforderliche Schnelligkeit und wegen der zu hohen Kosten wurde dieser Ermahnung kein Gewicht beigelegt, was sich später bitter rächen sollte. Man umhüllte die Drähte nur mit Hilfe der Siemensschen Guttaperchapresse und legte sie dann in einen nur anderthalb Fuß tiefen Graben am Eisenbahndamm entlang.

Das Unglück wollte es ferner, daß die Guttapercha knapp zu werden begann, da plötzlich infolge der von Siemens ausgehenden Anregung, sie zur Isolierung von Drähten zu verwenden, eine sehr lebhafte Nachfrage nach diesem Stoff eingetreten war. So sah man sich gezwungen, um den weiteren Fortschritt der Arbeit nicht aufzuhalten, die Guttapercha zu vulkanisieren, das heißt mit Schwefel zu mischen, was sich in der Folge als ein weiterer Fehlgriff erwies. Das Endstück von Eisenach bis Frankfurt mußte dann schließlich doch noch oberirdisch geführt werden, da hier die Eisenbahn, deren Erstreckung man sonst folgte, noch nicht fertiggestellt war.

Auch an der Luftleitung traten ungeahnte Schwierigkeiten auf. Es zeigte sich nämlich, daß der nur ganz einfach an hölzernen Pfosten befestigte Draht mit der Erde in leitende Verbindung kam, sobald die Pfosten durch Regen benetzt wurden. Zur Abhilfe erfand Werner Siemens den *glockenförmigen Isolator*, wie wir ihn heute zu Millionen in allen Ländern der Erde als Leitungsträger antreffen. Dieser Isolator bietet den großen Vorteil, daß der tief ins Innere hineingezogene Mantel der Glocke auch bei starkem Regen trocken bleibt, so daß sich eine zusammenhängende Regenhaut von dem über die Spitze der Glocke laufenden Draht bis zum Pfosten nicht bilden kann.

Es gelang wirklich, die ganze Linie so rasch fertigzustellen, daß mit ihrer Hilfe die am 28. März 1849 in Frankfurt erfolgte Wahl König Friedrich Wilhelms IV. zum Deutschen Kaiser noch in derselben Stunde in Berlin bekannt wurde.

Diese Telegraphenlinie war die erste von größerer Ausdehnung, die in Europa entstand.

Die Leistung, die Werner Siemens hier vollbrachte, ist um so bemerkenswerter, als sich in den unterirdisch verlegten Leitungen physikalische Phänomene zeigten, die niemand vorher bekannt waren, und die das Telegraphieren zunächst fast unmöglich machten. Auch ihre Beobachtung und Erklärung sollte von grundlegendem Wert für die weitere Entwicklung der Telegraphie werden.

Nach den Grundsätzen, die Siemens sein ganzes Leben hindurch bewahrt hat, richtete er schon bei der Verlegung dieser ersten größeren Linie eine äußerst sorgfältige Kontrolle der Leitungsfähigkeit ein. Halske hatte zu diesem Zweck Galvanometer angefertigt, deren Empfindlichkeit weit über all das hinausging, was man bisher besessen hatte. Als hiermit Leitungsstücke geprüft wurden, zeigte sich, daß der Stromdurchgang nicht in der Weise stattfand, wie man es erwarten durfte und bisher bei allen Leitungen beobachtet hatte. Es trat eine Verzögerung des Stroms beim Durchlaufen der Leitung ein. Wenn die Batterie am Anfang der Leitung eingeschaltet wurde, zeigte sich ihre Wirkung nicht sogleich am anderen Ende, sondern diese trat verzögert, dann auch noch schwach auf und wuchs erst allmählich zu voller Höhe an. Werner deutete diese höchst seltsame Erscheinung alsbald richtig als *elektrostatische Ladung der Kabel*.

Ein Kabel stellt nämlich, richtig betrachtet, nichts anderes dar als eine Leydener Flasche. Der Leitungsdraht selbst ist die innere Belegung, die Isolation die trennende Zwischenschicht (das Diëlektrikum, das bei der Flasche durch das Glasgefäß gebildet wird), und die Erde oder das vom Draht durchzogene Wasser stellen die äußere Belegung dar. Eine Leydener Flasche hat nun die Eigenschaft, sich, wenn sie an Spannung gelegt wird, aufzuladen. Sie nimmt ein Quantum elektrischer Energie in sich selbst auf und hält es fest. Bei den Kabeln, die Siemens auch demzufolge Flaschendrähte genannt hat, ist nun die Aufnahmefähigkeit infolge ihrer großen Ausdehnung sehr groß, und so wird die elektrostatische Aufladung als Verzögerung des Stromdurchgangs bemerkbar.

Durch diese Verzögerung ist es unmöglich, schnell nacheinander Stromstöße durch sehr lange Kabel zu schicken. Hätte Siemens nicht schon im Jahre 1849 die auftretenden Ladungserscheinungen entdeckt, so wäre man bei der ersten Benutzung der durch die Meere verlegten Kabel wahrscheinlich in die allergrößte Verlegenheit geraten. Denn durch diese ist bis zum heutigen Tag kein telegraphischer Verkehr nach gewöhnlicher Methode möglich. Nur mit ganz schwachen Strömen und mit Hilfe höchst empfindlicher Einrichtungen kann über ein langes Kabel verkehrt werden.

Bei der Frankfurter Linie wurde es ferner notwendig, für die oberirdisch geführte Leitung *Blitzableiter* zu erfinden, wie sie heute an allen oberirdisch laufenden Telegraphenlinien auf der ganzen Erde gebraucht werden, und klar deutete Siemens die in einer gewissen Periode auftretenden, sonst ganz unerklärlichen Störungen in der Leitung als magnetische Einflüsse, die von den damals gerade sehr lebhaft auftretenden Nordlichtern hervorgerufen wurden. Vorher hatte man noch niemals den Zusammenhang zwischen solchen elektrischen Vorgängen in der Atmosphäre und Störungen in den Leitungen erkannt.

Der glänzende Erfolg, den die Frankfurter Telegraphenlinie hatte, führte dazu, daß Siemens sogleich einen weiteren großen Auftrag erhielt, nämlich den, eine Leitung von Berlin nach Köln und dann weiter an die belgische Grenze bis Verviers zu verlegen. Auch hier wurde er aller Schwierigkeiten rasch Herr, und als der Anschluß an die inzwischen gebaute belgische Telegraphenlinie in Verviers erreicht war, erhielt er eine Einladung nach Brüssel, um dort vor dem König Leopold und der ganzen königlichen Familie einen Vortrag über elektrische Telegraphie zu halten.

Die so entstandene Linie Köln-Brüssel zerstörte schonungslos das blühende Geschäft eines Manns, der bis dahin eine Taubenpost zwischen den beiden Orten unterhalten hatte. Der Mann hieß *Reuter*. Als er und seine Frau sich bei Siemens darüber beklagten, daß ihre Existenz nun vernichtet sei, erzählte dieser ihnen, daß ein Herr Wolff soeben in Berlin mit Hilfe seines Vetters, des schon erwähnten Justizrats Siemens, ein Depeschenvermittlungsbureau begründet habe. Sie sollten doch nach London gehen und dort ein gleiches Bureau eröffnen. Das Ehepaar folgte diesem Rat, und das Unternehmen hatte den denkbar größten Erfolg. Wem früher in Deutschland das Reutersche Telegraphenbureau nicht bekannt gewesen ist, der hat es während des Weltkriegs sicher zur Genüge kennen gelernt.

Der Bau der Linie von Köln zur belgischen Grenze machte es auch notwendig, ein Telegraphenkabel durch den Rhein zu legen. Bei dem regen Schiffsverkehr auf diesem Strom schien eine einfache Umwehrung der Leitung mit eisernen Drähten nicht genügend, da die Gefahr vorlag, daß schleppende Anker großer Schiffe sie zerreißen könnten. Siemens ließ daher für den Rhein eine biegsame Eisenröhre herstellen, die aus einzelnen Gliedern bestand; durch das Innere der Röhre wurde die isolierte Leitung hindurchgezogen. Vor die Röhrenkette wurde eine schwere Ankerkette gespannt, die schleppende Anker aufhalten sollte. Es war die erste größere Flußüberquerung durch den Telegraphen, die hier hergestellt wurde, und sie hat sich so vorzüglich bewährt, daß sie noch vollkommen brauchbar war, als sie nach vielen Jahren aufgenommen wurde, nachdem man eine neue Leitung über die inzwischen errichtete feste Eisenbahnbrücke gelegt hatte. An der Schutzkette fand man eine Menge abgerissener Schiffsanker hängen; die Sicherung hatte also vollständig ihre Schuldigkeit getan.

Da Aufträge zur Einrichtung von telegraphischen Leitungen an Siemens jetzt in immer größerer Zahl herantraten, so mußte er sich nunmehr dazu entschließen, seinen Abschied vom Militär zu nehmen. Er erhielt ihn als Premierleutnant »mit der Erlaubnis, die Uniform als Armeeoffizier mit den vorschriftsmäßigen Abzeichen für Verabschiedete zu tragen«. Die Genehmigung des Abschiedsgesuchs enthielt eine tadelnde Bemerkung, weil Siemens sich eines Formfehlers schuldig gemacht hatte. Da er sich trotz mancherlei Krankheitsanfällen, denen er damals unterworfen war, kräftig genug fühlte, ganz auf eigenen Füßen zu stehen, so verzichtete er auf die ihm nach zwölfjährigem Offiziersdienst zustehende Pension. Dem schaffensstarken Mann, der wohl dunkel fühlte, daß er am Anfang einer großen Laufbahn stand, paßte es nicht, ein vorschriftsmäßiges Invaliditätsattest einzureichen. »Mit leeren Händen, wie ich in den Dienst gegangen bin«, so schreibt er damals in einem Brief, »habe ich ihn auch wieder verlassen und bin zufrieden damit.« Aus dieser Äußerung geht auch hervor, daß das Geschäft bis dahin geldlich nicht sehr erfolgreich gewesen war, und so ist es auch noch längere Zeit hindurch geblieben.

Siemens war sich jetzt auch schon der Bedeutung dessen, was er auf dem Gebiet der Telegraphie bisher geleistet hatte, so weit bewußt, daß er eine zusammenfassende Abhandlung darüber verfaßte. Er legte sie im April 1850 unter dem Titel »*Mémoire sur la télégraphie électrique*« der Pariser Akademie der Wissenschaften vor, deren Votum ja damals eine überragende Bedeutung besaß. Es waren sehr bedeutende Männer, die handelnd in der Sitzung auftraten, in welcher das Siemenssche Memoire vorgelegt wurde. *Regnault* erstattete den Bericht; *Du Bois-Reymond* und der Autor selbst waren als Gäste zugegen. Als Opponent trat *Leverrier*, der große Errechner des Neptuns, auf, während *Arago* als *Sécrétaire perpétuel* den Vorsitz führte. Die Arbeit wurde für würdig erachtet, in die »*Savants étrangers*« aufgenommen zu werden.

Im Vaterland aber gab es gerade zu dieser Zeit schwere Mißhelligkeiten, die eine Zeitlang drohten, das junge, von Siemens ins Leben gerufene Unternehmen zu vernichten.

Nachdem nämlich die von ihm gelegten unterirdischen Leitungen eine Weile die besten Dienste getan hatten, begannen sie plötzlich zu versagen. Überall zeigten sich Leitungsstörungen. Siemens erkannte den Grund sofort, ja er sah nur die Voraussage erfüllt, die er gleich zu Beginn der Leitungslegung gemacht hatte.

Er war damals, wie wir wissen, wider seinen Willen von der Telegraphenverwaltung hart bedrängt worden, so schnell wie möglich die Verbindungen herzustellen. Schützende Umhüllungen über der Guttapercha anzubringen, hatte man ihm trotz seines dringenden Vorschlags wegen der zu hohen Kosten verwehrt. Die Leitungen waren auch nur in geringe Tiefen unter dem Boden eingesenkt und noch dazu mit einer isolierenden Masse umgeben, die durch Schwefelbeimischung verschlechtert war. Nun waren an vielen Orten die Leitungen von Eisenbahnarbeitern beschädigt worden, und man hatte die Fehlerstellen nur unsachgemäß ausgebessert, da kein geschultes Personal hierfür zur Verfügung gestellt wurde. Nagetiere hatten vielfach die Drähte angefressen. Kurz, es begann ein sicherer Verfall der gesamten Anlagen.

Die Telegraphenverwaltung mit Herrn Nottebohm an der Spitze schob die ganze Schuld auf den technischen Leiter. Da setzte sich Werner Siemens zur Wehr und schrieb eine umfassende Broschüre mit dem Titel: »*Kurze Darstellung der an den preußischen Telegraphenlinien mit unterirdischen Leitungen gemachten Erfahrungen*«. Er wies darin nach, daß die Störungen notwendigerweise eintreten mußten, weil man seinerzeit seine Wünsche und Ermahnungen nicht beachtet hatte. Damit wurde indirekt ausgedrückt, daß die Verwaltung schwere Fehler gemacht hatte, und die Folge war, daß der Telegraphenbauanstalt von Siemens & Halske für viele Jahre alle Staatsaufträge entzogen wurden. Das hätte zu einer Katastrophe für das junge Unternehmen führen müssen, wenn nicht die damals noch nicht verstaatlichten Eisenbahnen größere Bestellungen auf Telegraphenleitungen und elektrische Läutewerke gemacht hätten. Außerdem aber wurde Siemens nun auch mehr gezwungen, sich um Aufträge aus dem Ausland zu bemühen, und das legte den Grund für die künftige Ausbreitung des Geschäfts über die ganze Erde.

Ein besonders interessanter und wichtiger Auftrag kam jedoch gerade in dieser Zeit, nämlich im Jahre 1851, aus nächster Nähe, aus Berlin. Hier wollte man den inzwischen schon bewährten Telegraphen für eine große Sicherheitsanlage nutzbar machen. Siemens & Halske bauten damals die erste *Feuermeldeanlage für Berlin*, die zugleich mit einem Polizeitelegraphen verbunden war. Die Aufgabe war mit ihren mannigfachen technischen Ansprüchen interessant, und sie wurde vorzüglich gelöst. Es waren 45 Stationen einzurichten und 6 Meilen Leitung zu verlegen. Zum erstenmal wurden hierbei die Drähte in nahtlose Bleimäntel eingeschlossen, was heute ja bei Kabeln allgemein üblich ist. Freilich geschieht die Herstellung des Bleimantels in jetziger Zeit nach einer anderen Methode. Für die ganze Anlage erhielt die Firma die Summe von 34000 Talern.

Im gleichen Jahr wurde die erste in London veranstaltete Ausstellung beschickt. Siemens & Halske wurden durch die »*Council medal*« belohnt, eine Auszeichnung, die außer ihnen nur noch zehn Aussteller aus dem Gebiet des Deutschen Zollvereins erhielten.

Doch was Siemens so gern wollte, nämlich seinen Fabrikaten Eingang in England zu verschaffen, gelang trotzdem nicht. Er vermochte gegen die *Electric Telegraph Company* nicht aufzukommen.

Aber aus Rußland kamen bald sehr wertvolle Aufträge. Dieses Land hat Siemens Gelegenheit zu einer technisch und wissenschaftlich gleich bedeutenden Betätigung gegeben. Andererseits verdankte damals Rußland dem Deutschen die Ausrüstung mit einem so vorzüglichen Telegraphensystem, wie es von keiner anderen Stelle her zu erlangen gewesen wäre.

Bevor Werner Siemens zum erstenmal russischen Boden betrat, warb er auf der Reise dorthin in Königsberg um die Hand seiner Kusine *Mathilde Drumann*, die er vor Jahren in Berlin kennen gelernt hatte, als ihre Mutter dort plötzlich auf der Durchreise verschieden war, und die er seither im Herzen behalten hatte. Am 1. Oktober 1852 fand die Hochzeit statt. Doch schon nach wenigen Jahren wurde die sehr glückliche Ehe durch das Dahinscheiden der jungen Gattin zerstört.

Bauten in Rußland

Schon seit dem Jahre 1848 hatte die russische Regierung mit Siemens & Halske über den Ankauf von Telegraphenapparaten verhandelt. Drei Jahre später erwarb die Regierung 75 Apparate für die erste in Rußland gebaute Telegraphenlinie von Petersburg nach Moskau. Nun begab sich Werner Siemens nach Petersburg, um weitere Verhandlungen zu führen.

Die Reise dorthin entbehrte durchaus jeglicher Bequemlichkeit. In den »Lebenserinnerungen« heißt es: »Es gab damals noch keine andere Reiseform in Rußland als die Extrapost. Diese war auf den Hauptstraßen recht gut organisiert, natürlich den Verhältnissen entsprechend. Durchschnittlich alle zwanzig bis dreißig Werst – eine Werst ist etwas mehr als ein Kilometer – waren auf den Poststraßen feste Häuser mit Stallungen gebaut, in denen man Unterkunft und Pferde fand, wenn solche disponibel waren und man einen Regierungsbefehl an die Posthalter hatte, durch den sie angewiesen wurden, dem Reisenden gegen Zahlung der Taxe Postpferde für eine bestimmte Reise zu geben.

»War man im Besitz einer solchen Order – Podoroschna genannt – so erhielt man, falls man keine eigene Equipage hatte, einen kleinen vierräderigen Bauernwagen ohne Federn, Überdeck oder sonstigen Luxus, bespannt mit drei, gewöhnlich nicht schlechten Pferden, von denen das mittlere in eine Gabeldeichsel eingeschirrt, und die beiden äußeren mit einer Wendung nach außen angespannt waren ...

»Eine solche Postreise will erst gelernt sein. Man muß ganz frei und stark vorgebeugt auf seinem Koffer sitzen, damit das eigene Rückgrat die Feder bilde, die das Gehirn vor den heftigen Stößen der Räder auf den meist nicht allzu guten Straßen schützt. Versäumt man diese Vorsicht, so bekommt man unfehlbar bald heftige Kopfschmerzen. Man gewöhnt sich jedoch ziemlich schnell an diese Reiseform, die auch ihre Reize hat, lernt es sogar bald, ganz fest in der wiegenden Stellung zu schlafen, und begegnet dabei instinktiv allen Unbilden der Straße durch zweckmäßige Gegenbewegungen.

»Wenn zwei Reisende eine solche »Telega« benutzen, pflegen sie sich durch einen Gurt zusammenzuschnüren, damit ihre Schwankungen so reguliert werden, daß sie nicht mit den Köpfen aneinander stoßen. Ich habe übrigens gefunden, daß das Telegenreisen ganz gut bekommt, wenn man es nicht übertreibt. Freilich Kurieren, die wochenlang ohne Unterbrechung Tag und Nacht auf der Telega sitzen müssen, sollen diese Reisen oft den Tod gebracht haben.«

Kaum in Petersburg angekommen, erkrankte Siemens schwer an den Masern, denen eine heftige Nierenentzündung folgte; diese hielt ihn für längere Zeit ans Bett gefesselt. Geschäftlich aber hatte er Glück, denn es gelang, den Auftrag für eine unterirdische Telegraphenlinie von Petersburg nach Oranienbaum zu erhalten, an die sich ein Kabel durch den Finnischen Meerbusen nach Kronstadt anschließen sollte. Der Bau wurde bis zum Herbst des Jahres 1853 zur größten Zufriedenheit des damals unter der Regierung des Kaisers Nikolaus I. allmächtigen Ministers der Wege und Kommunikationen, des Grafen *Kleinmichel*, vollendet. Das Kronstadter Kabel nennt Siemens selbst die erste submarine Telegraphenlinie auf der Erde, die brauchbar geblieben ist. In Wirklichkeit aber war schon zwei Jahre vorher von Crampton ein Kabel durch den englischen Kanal gelegt worden, das gleichfalls mit Eisendrähten armiert gewesen ist und recht gut gehalten hat. Jedenfalls aber tritt hier der künftige geistige Schöpfer der Unterseetelegraphie zum erstenmal mit der großen Aufgabe in Berührung, die er ganz selbständig löst.

Im Jahre 1853 wurde der Firma Siemens & Halske gleich eine weitere Telegraphenlinie in Auftrag gegeben, die von Warschau zur preußischen Grenze führen sollte. Als Werner Siemens sich bei dieser Gelegenheit zum zweitenmal nach Rußland begab, lernte er die dort herrschenden politischen Zustände gründlich kennen.

Schon in Berlin hatte er zu seiner Verwunderung Mühe, das Visum seines Passes von der russischen Gesandtschaft zu erhalten. Als er an der russischen Grenzstation anlangte, wurde sein Gepäck nach Abfertigung aller übrigen Reisenden mit einer höchst verletzenden Sorgfalt durchsucht, und er überhaupt wie ein Verdächtiger behandelt. Als Siemens daraufhin sein Gepäck zurückverlangte, um nach Haus umzukehren, weil ihm eine solche Behandlung nicht paßte, erklärte man ihm, daß dies nicht anginge; er müsse vielmehr nach Warschau weiterreisen. Er war also russischer Staatsgefangener. Erst auf seine Beschwerde von Warschau aus durfte er nach Petersburg fahren, und dort erfuhr er vom Grafen Kleinmichel, daß aus Kopenhagen eine Meldung eingelaufen sei, die ihn als einen politisch verdächtigen Menschen kennzeichnete. Siemens meint, daß diese Kopenhagener Anzeige wohl der Dank der Dänen für die Minenlegung im Kieler Hafen und den Bau der Eckernförder Batterie gewesen sei.

In späterer Zeit wurde er noch einmal von der brutalen russischen Gewalt in ähnlicher Weise angepackt. Als er in Petersburg mit dem allmächtigen Minister den Bau einer besonders wichtigen Linie besprochen hatte, wollte ihn dieser einfach nicht mehr fortlassen, bis die Linie beendet wäre. Man hatte also die Absicht, ihn für absehbare Zeit einfach in der russischen Hauptstadt zu internieren. Zum Glück kam damals der Prinz von Preußen, der spätere Kaiser Wilhelm I., zum Besuch an den Zarenhof. Werner Siemens suchte um eine Audienz nach und wurde von dem Prinzen sehr freundlich empfangen. Dieser sagte, daß ihm die Pfosten der neuerbauten Telegraphenlinie von der Grenze bis Petersburg das Geleit gegeben und ihm die freudige Gewißheit verschafft hätten, daß er mit der Heimat in ständiger Verbindung sei. Der Erfolg der Audienz war, daß nun der Paß für die Rückreise sofort ausgestellt wurde.

Schon die Linie Warschau-Preußische Grenze machte es notwendig, ein besonderes Petersburger Bureau einzurichten. An seine Spitze wurde Karl Siemens gestellt, der vorher bereits für die Firma in Paris tätig gewesen war und sich dort vorzüglich bewährt hatte.

Als der damals erst vierundzwanzigjährige Karl in Petersburg ankam, war Graf Kleinmichel über diesen neuen Leiter des wichtigen Telegraphenbaus sehr enttäuscht. Um die Fähigkeiten des jungen Manns zu prüfen, stellte er ihm sofort eine Aufgabe.

Karl Siemens sollte ausfindig machen, wie man die Telegraphenlinie von Oranienbaum her in das Turmzimmer des Kaiserlichen Winterpalais einführen könnte, ohne an dem prächtigen Gebäude störende Arbeiten vorzunehmen. An dieser Stelle war bisher die Endstation des optischen Telegraphen gewesen. Die russischen Offiziere hatten keinen anderen Rat für die Emporführung der nun erforderlichen Drahtleitung zu geben gewußt als den, daß man große Rinnen in das Mauerwerk schlagen sollte.

Karl betrachtete den turmartig ausgebauten Erker, und es fiel ihm sofort auf, daß in einer der Turmecken keine Wasserrinne niederführte. Er erklärte dem Grafen Kleinmichel, daß man in dieser leeren Ecke nur ein ebensolches Regenrohr anzubringen brauche, wie es in den anderen Ecken niederlaufe, um dann in diesem die isolierte Telegraphenleitung unsichtbar hinaufzuführen. Das imponierte dem Grafen sehr. Er schimpfte auf seine Offiziere, die keine Lösung gewußt hätten, und sagte: »Nun muß so ein junger, bartloser Mensch kommen, und sieht auf den ersten Blick, wie leicht die Sache zu machen ist.« Fortab hatte Karl das Vertrauen des Ministers im höchsten Grad gewonnen und ward sein Vertrauter. Kleinmichel tat bald nichts mehr ohne den »Prußky Ingener Siemens«.

Ein großes politisches Ereignis brachte neue umfangreiche Aufträge. Im Jahre 1854 brach der Krimkrieg aus, in dem Rußland gegen die Türkei und deren Verbündete, England, Frankreich und das Königreich Sardinien, kämpfen mußte. Nun hatte das Zarenreich den dringenden Wunsch, den Willen der Zentralverwaltung rasch überallhin übermitteln zu können, und wollte möglichst schnell weitere Telegraphenlinien ausgebaut haben. Zunächst sollte Gatschina und damit Petersburg mit Warschau verbunden werden. Werner Siemens stellte einen sorgfältig durchdachten Plan für die Leitungslegung auf, und zur nicht geringen Verwunderung der Russen, die an gut organisierte Arbeit nicht gewöhnt waren, wurde die 1100 Werst lange Strecke in sechs Wochen fertiggestellt. Als man dem Grafen Kleinmichel die Meldung von der Vollendung der Linie zur versprochenen Zeit brachte, wollte er die Nachricht nicht glauben. Er begab sich sofort selbst zu der Station im Telegraphenturm des Winterpalais und ließ sich mit dem Stationschef in Warschau verbinden. Erst als dieser augenblicklich Antwort gab, glaubte der Minister an die Fertigstellung der Leitung und erstattete dem Zaren darüber Bericht. Auf dieser Linie gelangte zum erstenmal das von Werner erfundene automatische Schnelltelegraphensystem mit dem Dreitastenlocher zur Anwendung.

Die glückliche Vollendung dieser Linie brachte weitere große Bestellungen, die infolge der durch den Krieg geschaffenen Lage nur mit unsäglichen Schwierigkeiten ausgeführt werden konnten. Am fatalsten war ein Auftrag, der die Legung einer Telegraphenlinie bis in die bereits belagerte Festung Sebastopol verlangte.

Um Mitternacht wurde Werner Siemens von einem Gehilfen des Grafen Kleinmichel aufgesucht, der ihm eröffnete, der Kaiser habe den Bau einer telegraphischen Verbindung mit Sebastopol befohlen, und der Minister wünsche Angabe der Kosten und des Vollendungstermins bis zum nächsten Morgen um sieben Uhr. Als Siemens nach durcharbeiteter Nacht zur angegebenen Zeit bei dem Grafen Kleinmichel erschien, wurde ihm mitgeteilt, daß dieser bereits eine Stunde vorher dem Kaiser Bericht erstattet und ihm mitgeteilt habe, die Festung würde in sechs Wochen an das Telegraphennetz angeschlossen sein. Alle Hinweise darauf, daß es fast unmöglich sei, in dieser schwierigen Situation die Materialien rechtzeitig heranzuschaffen, halfen nichts. Es hieß einfach: »Der Kaiser will es!« Und dieses in Rußland so vielbewährte Zauberwort half auch hier. Die Linie wurde, wenn auch mit einiger Verzögerung, noch so rechtzeitig fertiggestellt, daß der bald zu erwartende Fall von Sebastopol auf telegraphischem Weg von der Festung nach Petersburg gemeldet werden konnte.

Es war kein Wunder, daß die so ausgezeichnet arbeitende deutsche Firma immer weitere Aufträge zum Ausbau des Telegraphennetzes in dem riesigen russischen Reich erhielt. Da die oberirdisch geführten Leitungen vielfach beschädigt wurden oder von selbst brachen, so war eine sorgfältige Kontrolle zur Aufrechterhaltung eines regelmäßigen Dienstes notwendig. Graf Kleinmichel übertrug die Überwachung der Leitungen zunächst den Verwaltungen der Chausseen, an deren Rand die Leitungen hinliefen. Aber die damit beauftragten gänzlich sachunkundigen Leute, die wohl auch nach echt russischer Art der Neuerung nicht sehr freundlich gegenüberstanden, machten ihre Arbeit herzlich schlecht. Schließlich mußten Siemens & Halske auch diese Überwachung oder Remonte, wie man den Dienst damals nannte, übernehmen.

Es gelang hierdurch, einen schönen Gewinn zu erzielen, da Werner Siemens sofort ein auf wissenschaftlicher Grundlage beruhendes elektrisches Überwachungssystem erdachte, das eine ständige Begehung der

Strecken unnötig machte und daher sehr viel Personal ersparte. Es wurden an den Linien Wachtbuden errichtet, die immer 50 Werst voneinander entfernt waren. Der darin aufgestellte Wächter hatte darauf zu achten, ob das in die Leitung eingeschaltete Galvanoskop längere Zeit stillstand. War dies der Fall, so mußte er seine Kontrollstelle mit Hilfe einer einfachen Vorrichtung an die Erde schalten und die Nummer seiner Bude telegraphieren. Aus den Nummern, die sie so zugesprochen erhielt, konnte die nächste Telegraphenstation genau erkennen, zwischen welchen Wachtbuden der Fehler lag. Ein mit den Wiederherstellungsarbeiten betrauter Mechaniker mußte dann sofort Extrapost nehmen und zur Fehlerstelle fahren. Der Leitungsschaden konnte auf diese Weise stets in kürzester Zeit beseitigt werden.

Die großen Telegraphenbauten, welche die Firma in Rußland ausgeführt hatte, und die Remonteverwaltung verschafften ihr bald eine ganz besondere Stellung im Reich. Siemens & Halske erhielten den Titel »Kontrahenten für den Bau und die Remonte der Kaiserlich russischen Telegraphenlinien«.

Da den Russen auch damals schon diejenigen Leute am meisten imponierten, die Uniformen trugen, so ließ Werner Siemens von einem tüchtigen Künstler Dienstkleidungen für seine Leute entwerfen; es waren hechtgraue Röcke mit blauen Vorstößen sowie breite russische Mützen. Graf Kleinmichel wollte zunächst das geheiligte Tragen der Uniformen den Telegraphenbeamten nicht bewilligen, aber als er die in einer Mappe vereinigten schönen Bilder sah, gab er nach und erwirkte vom Kaiser die Genehmigung zum Anlegen der Dienstkleidung.

Allmählich war nun die Werdezeit der telegraphischen Technik überwunden. Sowohl die ferner in Rußland wie auch in Preußen und anderen Ländern herzustellenden Linien boten meist kein besonderes technisch-wissenschaftliches Interesse mehr. Sie konnten nach den von Werner Siemens in jahrelanger Geistesarbeit geschaffenen Grundsätzen schematisch ausgeführt werden. Sein Interesse daran minderte sich also – abgesehen von dem geschäftlichen Nutzen, den die Bauten abwarfen – sehr erheblich. 1857 schreibt er: »Das Telegraphengeschäft ist sehr langweilig geworden und kommt mir vor wie ein Leierkasten, den ich zu drehen verpflichtet bin.« Siemens sah sich nun nach einer anderen großen Aufgabe um, und er fand sie im Ausbau der Telegraphie durch die Meere.

Unterseekabel

Obgleich die ersten Seekabel ohne die direkte Mitwirkung von Werner Siemens verlegt worden sind, und obwohl auch das gewaltige Werk der ersten telegraphischen Verbindung Europas mit Amerika ohne seine Teilnahme vor sich ging, ist er dennoch anerkanntermaßen als Begründer auch der unterseeischen Telegraphie anzusehen. Neben ihm hat sich Wilhelm Siemens dabei die größten Verdienste erworben.

Ohne die von Werner angegebene Isolierung mit Guttapercha hätte ja von einer Drahtführung durch das Wasser überhaupt nicht die Rede sein können. Seinen Überlegungen und Beobachtungen entsprang die richtige Form für die Herstellung der Kabel. Dann aber hat er auch die einzige sichere Methode der Kabelauslegung vom fahrenden Schiff her angegeben. Was vorher an Kabelführungen durch das Meer gelang – und es war nur äußerst wenig von bleibendem Wert – war Zufallserfolgen zu verdanken. Die wissenschaftliche Kabellegungstheorie von Werner Siemens erst brachte die notwendige Sicherheit auch in diese Technik.

Die bereits besprochene Beobachtung der Ladungserscheinungen in langen Kabeln hatte rechtzeitig die elektrische Methode aufgeklärt, die man zum Geben von telegraphischen Zeichen durch solche Leitungen anwenden mußte. Die Apparatur für die Kabeltelegraphie ist in Rücksicht darauf von Werner Siemens grundlegend ausgestaltet worden.

Die Geschichte der Kabellegungen ist so reich an höchst dramatischen Vorgängen wie der Werdegang keiner anderen Technik. Niemals wohl hat die Menschheit für die Erringung eines technischen Fortschritts so viel Lehrgeld bezahlen müssen wie hier. Daß die Summe nicht allzu hoch ward, daß sie nicht zu der schließlichen Einstellung der Versuche führte, ist das Verdienst der wissenschaftlichen Forschungen und praktischen Arbeiten von Werner Siemens. Auch ihm begegneten hierbei manche harten Erlebnisse, die er jedoch alle glücklich überstand, obgleich dabei selbst sein Leben mehr als einmal aufs schwerste bedroht war.

Im Jahre 1840 bereits legte der bedeutende englische Physiker Wheatstone dem Parlament den Plan für die Verlegung eines Meerkabels zwischen Dover und Calais vor. Er eilte jedoch mit dieser Absicht etwas allzu heißblütig den Zeitumständen voraus, denn damals kannte man noch keinen Stoff, der den Draht genügend sicher hätte isolieren können. Erst nachdem Werner Siemens jene berühmte Minenleitung im Kieler

Hafen gelegt hatte, ging der englische Ingenieur *Brett* im Jahre 1850 wirklich daran, die Meerenge zwischen England und Frankreich durch ein mit Guttapercha isoliertes Kabel zu überbrücken. Er erachtete es nicht für nötig, über der Isolierung noch eine besondere feste Schutzhülle anzubringen, sondern ließ die bloße Leitung, mit Bleistücken beschwert, auf den Meeresboden nieder. Schon am Tag nach der Legung wurde der Draht durch einen Fischer zerstört. Ein zweites Kabel wurde im Jahre darauf von *Crampton* ausgelegt. Als es seine Güte durch eine gewisse Haltbarkeit bewiesen hatte, folgte alsbald der Bau unterseeischer Telegraphenlinien von England nach Irland und ebenso nach Belgien und Holland.

Es setzte darauf in England ein wahrer Kabeltaumel ein, und man begann auch größere Meere zu überbrücken, indem man dachte, daß das, was in den Küstengewässern gelungen war, auch weiter draußen anwendbar sein müsse. Wissenschaftliche Kenntnisse waren eben damals in der Industrie noch wenig verbreitet. Der Firma *Newall* & Co., die in Gateshead-on-Tyne eine Kabelfabrik besaß, gelang es auch wirklich, im Jahre 1854 ein Kabel durch das Schwarze Meer von Varna an der Balkanküste nach Balaclava auf der Krim zu legen. Die Leitung hielt aber nur ein Jahr lang, nämlich gerade bis zur Eroberung von Sebastopol. Es stellten sich hierbei auch schon Schwierigkeiten bei der Benutzung der damals in England noch gebräuchlichen Nadeltelegraphen heraus, weil die elektrostatische Kabelladung ihren hindernden Einfluß auf die Stromsendungen ausübte. Obwohl Werner Siemens seine Beobachtungen dieser Erscheinungen schon vier Jahre vorher publiziert hatte, waren sie in England doch noch nicht bekannt geworden. Nun wandte man sich an ihn und bestellte bei seiner Firma geeignete Telegraphenapparate. Da Siemens & Halske, wie wir wissen, auch in russischem Auftrag eine Linie nach Sebastopol gebaut hatten, so entstand jetzt der eigentümliche Zustand, daß in beiden feindlichen Lagern Apparate gleichen Fabrikats arbeiteten.

Brett, der schon im Kanal nicht sonderlich günstig gearbeitet hatte, machte im folgenden Jahr den Versuch, ein Kabel quer durch das Mittelländische Meer *von Cagliari nach Bona* in Algier zu verlegen. Aber ihm war das Glück nicht hold. Als er in tiefes Wasser kam, rollte das Kabel, weil die Trommel auf dem Schiff nicht genügend scharf gebremst werden konnte, ab und ging verloren. Ein gleiches geschah bei dem zweiten Versuch Bretts im Jahre 1856. Er gab daher weitere Versuche auf, und die Legung des Kabels wurde der Firma Newall & Co. anvertraut.

Inzwischen hatte Wilhelm Siemens dafür gesorgt, daß die Leistungen Werners auf dem Gebiet der Telegraphie in England bekannt wurden. Mittels des Kabels durch das Schwarze Meer hatte Newall ja schon eine Verbindung mit dem Berliner Haus angeknüpft, und nun ersuchte er, gewitzigt durch die Mißerfolge Bretts, Werner Siemens, die elektrische Prüfung des Mittelmeerkabels bei der Legung zu übernehmen. Denn dieser hatte inzwischen den Grundsatz aufgestellt, daß das Kabel in jedem Augenblick der Legung sorgfältigst daraufhin kontrolliert werden müsse, ob es auch fehlerfrei sei.

Im September 1857 ging Werner Siemens mit einem Gehilfen und den notwendigen elektrischen Apparaten an Bord einer sardinischen Korvette, die alle an der Kabellegung Beteiligten nach Bona brachte. Obgleich Siemens nicht die Absicht hatte, sich um den mechanischen Teil der Kabellegung zu kümmern, konnte er doch nicht umhin, an den Unterhaltungen über die beste hierfür anzuwendende Methode teilzunehmen und schließlich auseinanderzusetzen, daß ein Mißerfolg bei dieser Legung sicher sei, wenn man dabei beharre, die im seichten Wasser gebräuchliche Methode auch bei größeren Meerestiefen zu benutzen. Er stellte schon damals seine Kabellegungstheorie auf, die in der Hauptsache darin bestand, daß das Kabel an Bord des legenden Schiffs durch Bremsvorrichtungen mit einer Kraft zurückgehalten werden müsse, die dem Gewicht eines senkrecht zum Meeresboden hinabreichenden Kabelstücks im Wasser entspricht. Er hat diese improvisierte Darlegung dann später zu einer geschlossenen wissenschaftlichen Theorie ausgebaut, die er im Jahre 1874 der Akademie der Wissenschaften in Berlin vorlegte. Sie ist, wie schon bemerkt, für alle Zeiten grundlegend geworden.

Werner Siemens wurde nun ersucht, außer der elektrischen Überwachung auch die mechanische Auslegung des Kabels leitend zu übernehmen, und trotz der nur provisorisch nach seinen Angaben zusammengestellten Einrichtungen hierfür gelang es ihm in der Tat, das Kabel glücklich von einem Landungspunkt zum anderen hinüberzubringen, noch dazu ohne »*slack*«, das heißt, ohne mehr Kabel zu gebrauchen, als der überschrittenen Bodenlänge entsprach. Es war dies das erste Kabel, das über größere Tiefen glücklich gelegt wurde.

Durch die Arbeit, die Werner Siemens während der Legung leistete, fühlte er sich außerordentlich angegriffen. Er hatte sich keinen Augenblick der Ruhe und Erholung gegönnt und sich nur durch häufigen Genuß von starkem schwarzen Kaffee aufrecht zu erhalten vermocht. Nach Beendigung der Expedition gebrauchte er mehrere Tage zur Wiedererlangung seiner Kräfte.

Der Sieg der Deutschen war damit vollkommen. Und als noch in demselben Jahr Newall & Co. mit der Legung von Kabeln *zwischen Cagliari und Malta* sowie *Korfu* beauftragt wurden, waren es wiederum Ingenieure von Siemens & Halske, welche die elektrischen Prüfungen bei der Verlegung ausführten. Es konnte nicht lange dauern, bis unter diesen Umständen das Verhältnis mit der englischen Firma recht unangenehm zu werden begann. Die Engländer versuchten Siemens' Verdienste zu verkleinern, und dieser ging daher bald daran, ein eigenes Haus in England zu begründen. Denn dieses Land mußte, wie er wohl einsah, noch für lange Zeit das Hauptausgangsgebiet für Kabelverlegungen bleiben. Am 1. Oktober 1858 wurde die Firma *Siemens, Halske & Co.* in London gegründet, und an ihre Spitze trat der vielbewährte und in England bereits hochangesehene Bruder Wilhelm.

Schon im Jahre 1858 hatte die neue Firma Gelegenheit, sich lebhaft zu betätigen. Damals erhielten Newall & Co. den Auftrag, ein *Kabel durch das Rote Meer von Suez nach Aden* und dann weiter durch den Indischen Ozean bis nach Karatschi in Indien zu legen. Das Haus Siemens übernahm nun selbständig die elektrische Überwachung der Kabellegung sowie die Lieferung und Aufstellung der Apparate. Dieses Kabel hatte eine besondere Bedeutung aus dem Grund, weil es die außerordentliche Länge von 3500 Seemeilen hatte, während die Mittelmeerkabel nur höchstens 700 Seemeilen lang gewesen waren. Werner Siemens arbeitete daher eine neue Theorie aus, die er innerhalb eines Aufsatzes »*Apparate für den Betrieb langer Unterseelinien*« veröffentlichte, und die ihn zu besonderen Konstruktionen veranlaßte; diese sind unter dem Namen »*Rotes-Meer-System*« bekannt geworden. Siemens brachte hier zum erstenmal den Kondensator bei der Kabeltelegraphie in Anwendung, der für die transatlantische Nachrichtengebung von größter Bedeutung geworden ist.

Die Auslegung des Kabels gelang wiederum gut. Aber weil es schon in der Fabrik nicht mit vollster Sorgfalt hergestellt worden war, und da auch die hohe Temperatur des Roten Meers die Guttapercha erweichte, wurde nach der Ankunft in Aden ein Fehler festgestellt, der das Telegraphieren unmöglich machte. Die Engländer waren sehr unglücklich darüber und glaubten schon, das ganze Kabel wieder aufnehmen zu müssen, da man ja, wie sie meinten, nicht wissen könne, an welcher Stelle sich der Fehler befände.

Aber Siemens wandte sich wiederum an die Zauberin Wissenschaft und untersuchte das Kabel nach einer schon früher von ihm erdachten Methode. Damit vermochte er die Fehlerlage ziemlich genau zu bestimmen. Er behauptete, daß die schadhafte Stelle ganz in der Nähe von Aden, noch in der Meerenge von Bab-el-Mandeb liegen müsse. Die Engländer lachten zwar über diesen »*scientific humbug*«, aber als man das Kabel an der angegebenen Stelle aufgefischt und geschnitten hatte, ergab sich, daß der Rest fehlerfrei war. Die Genauigkeit der Messung war dadurch möglich geworden, daß Werner Siemens zum erstenmal an die Stelle der unsicheren Strommessung die weit genauere Widerstandsmessung gesetzt hatte. Wir werden seinen Bemühungen um die allgemeine Einführung dieser Widerstandsmessung noch bei der Zusammenfassung seiner wissenschaftlichen Meisterarbeiten begegnen.

Leider aber blieb dieser so schnell behobene Fehler nicht der einzige in dem Kabel durch das Rote Meer. Nachdem es kurze Zeit im Gebrauch gewesen, trat immer deutlicher das Vorhandensein vieler schlecht isolierter Stellen hervor. Sie konnten zum größten Teil nicht mehr ausgebessert werden, weil das Kabel durch Korallenbildung auf dem Meeresboden festgehalten wurde. Es ging schließlich gänzlich zugrunde, und Siemens weist in seinen Schriften darauf hin, daß mangelnde Sorgfalt bei der Fabrikation und schlechte Auswahl der Lage der Grund für den Untergang dieses sowie fast sämtlicher bis zu jener Zeit gelegten Kabel gewesen sind.

Erst nachdem vom Jahre 1859 ab die englische Regierung der Firma Siemens, Halske & Co. die Kontrolle der Kabel schon bei der Anfertigung und alle weiteren Prüfungen übertragen hatte, hörten die schweren Verluste auf. Seit jener Zeit setzte sich der von Werner Siemens aufgestellte Grundsatz durch, daß nicht die Billigkeit, sondern die Güte bei der Fabrikation von Unterseekabeln ausschlaggebend sein müsse. Im Juli 1860 hielt Wilhelm Siemens vor der *British Association* einen Vortrag mit dem Titel »Umriß der Prinzipien und des praktischen Verfahrens bei der Prüfung submariner Telegraphenlinien auf ihren Leitungszustand«. Damit wurden die Siemensschen Erfahrungen Allgemeinbesitz, und seit jener Zeit sind keine fehlerhaften Kabel mehr verlegt worden.

Die Kabellegung im Roten Meer sollte für die Beteiligten noch ein seltsames Nachspiel haben. Die Mitglieder der Expedition gingen nach Erledigung der Geschäfte an Bord des Dampfers »Alma« von der *Peninsular and Oriental Company*. Sie trafen auf dem Schiff eine höchst elegante Gesellschaft an, von der die neu hinzugekommenen Reisenden wegen ihrer stark abgenutzten Kleidung ziemlich über die Achsel angesehen wurden. Aber bald sollte ein unerwartetes Ereignis alle scheinbaren Standesunterschiede gründlichst verwischen. Wir lesen darüber in den »Lebenserinnerungen«:

»Wir hatten erst einige Stunden geschlafen, als wir auf eine rauhe Weise aus unseren Träumen geweckt wurden. Ein heftiger Stoß machte das ganze Schiff erzittern, ihm folgten zwei andere noch heftigere, und als wir entsetzt aufgesprungen waren, fühlten wir auch schon, wie das Schiff sich zur Seite neigte. Ich hatte glücklicherweise meine Stiefel nicht ausgezogen, nur Hut und Brille abgelegt. Als ich mich nach diesen umsah, bemerkte ich meinen Hut bereits auf dem Wege zum niedersinkenden Schiffsbord und folgte ihm unfreiwillig in gleicher Richtung.

»Von allen Seiten erscholl ein wilder, angsterfüllter, ohrenzerreißender Aufschrei, dann ein allgemeines Gepolter, da alles auf Deck Befindliche den Weg in die Tiefe antrat. Instinktiv strebte jeder dem höheren Schiffsbord zu, die meisten vermochten ihn zu erreichen. Mir ging es schlechter, da ich beim Suchen nach Hut und Brille Zeit verlor. Schon strömte das Wasser über die Bordkante und mahnte mich, an die eigene Rettung zu denken. Das Deck war in wenigen Sekunden in eine so schräge Lage gekommen, daß es nicht mehr möglich war, auf ihm emporzuklimmen. Doch die Not macht riesenstark! Ich stellte Tische und Stühle so übereinander, daß ich ein im hellen Mondschein sichtbares Schiffstau, das vom hochliegenden Bord herunterhing, erreichen und an ihm emporklimmen konnte.

»Dort oben fand ich fast die ganze Schiffsgesellschaft schon versammelt und mit bewunderungswürdiger Ruhe die Entwicklung des Dramas erwartend ... Das Schiff lag bald ganz auf der Seite, und die große Frage, an der jetzt Leben und Tod alles Lebendigen auf ihm hing, war die, ob es eine Ruhelage finden oder kentern und uns sämtlich in die Tiefe schleudern würde.«

Auch hier, in dieser höchsten Notlage, verzichtete Werner Siemens nicht darauf, in aller Ruhe eine wissenschaftliche Methode anzuwenden.

»Ich errichtete mir«, so schreibt er weiter, »eine kleine Beobachtungsstation, mit deren Hilfe ich die weitere Neigung des Schiffes an der Stellung eines besonders glänzenden Sternes verfolgen konnte, und proklamierte von Minute zu Minute das Resultat meiner Beobachtungen. Alles lauschte mit Spannung diesen Mitteilungen. Der Ruf »Stillstand!« wurde mit kurzem, freudigem Gemurmel begrüßt, der Ruf »Weitergesunken!« mit vereinzelten Schmerzenslauten beantwortet. Endlich war kein weiteres Sinken mehr zu beobachten, und die lähmende Todesfurcht machte energischen Rettungsbestrebungen Platz.«

Es gelang schließlich, bei ruhiger See die ganze Schiffsgesellschaft in Booten auf einen Korallenfelsen der Harnischinselgruppe zu schaffen. Da die meisten keine Schuhe anhatten, und der Felsen mit scharfen Korallenspitzen übersät war, so war es Siemens' erste Sorge, hier Ersatz zu schaffen. Er fuhr noch einmal nach dem Wrack zurück und holte eine Linoleummatte. Unter Verwendung seines ebenfalls geretteten Taschenmessers eröffnete er nun am Ufer eine Sandalenwerkstatt und brachte so freudigst begrüßte Hilfe.

Fünf Tage lang mußten nun die 500 Geretteten auf dem etwa einen Hektar großen Koralleneiland zubringen. Die Sonne brannte mit furchtbarer Glut hernieder, und das Wasser fing an zu mangeln. Dazu kam, daß die Schiffsbesatzung zu meutern begann. Die Offiziere hatten wegen der schlechten Führung des Fahrzeugs alle Autorität verloren; es mußte deshalb aus den jüngeren Passagieren eine Wachmannschaft gebildet werden. Nachdem alle schwere Qualen ausgestanden hatten, kam endlich ein englisches Kriegsschiff in Sicht, das die Schiffbrüchigen zunächst mit dem heiß begehrten Trinkwasser versorgte und dann zur Weiterbeförderung aufnahm. - -

Die Brüder Siemens wollten fortab in noch stärkerem Maß in dem Kabelgeschäft unabhängig sein. Insbesondere auf das Betreiben von Wilhelm wurde darum im Jahre 1863 eine eigene *Kabelfabrik in Charlton* bei Woolwich gegründet. Der erste Auftrag für diese kam von der französischen Regierung, die ein Kabel für eine neue Verbindung mit ihrer wichtigsten Kolonie, Algier, bestellte. Der Anfangspunkt in Europa sollte *Cartagena* in Spanien sein, bis wohin eine Landlinie lief, und drüben sollte es in *Oran* landen. Obgleich die Strecke recht kurz war, und obwohl die Brüder Siemens ihre ganze Kunst auf dieses Kabel verwendeten, sollte die Legung aus äußeren Gründen doch die unglücklichste von allen werden, die sie je ausgeführt haben.

Werner Siemens mußte, um an der Verlegung teilnehmen zu können, ganz Europa durchqueren, denn er befand sich zu jener Zeit in Moskau. In fünf Tagen fuhr er über Petersburg, Berlin und Paris nach Madrid. Dort traf er neben den anderen Teilnehmern an der Expedition seinen Bruder Wilhelm mit seiner jungen Gattin Anne, die gleichfalls mit zu Schiff ging.

In den »Lebenserinnerungen« sagt Werner Siemens, daß, vom Standpunkt des vorgeschrittenen Alters betrachtet, jene Kabellegung ein großer Leichtsinn gewesen sei, da Schiff und Legungsmethode durchaus unzweckmäßig waren. Als Entschuldigung dafür, daß das Unternehmen trotzdem versucht wurde, könne nur angeführt werden, daß sie damals unter allen Umständen ein eigenes Kabel legen wollten. Wilhelm hatte unglücklicherweise darauf gedrungen, daß ein neuer, von ihm erdachter Mechanismus für die Kabellegung angewendet würde, eine Trommel mit stehender Achse, deren Konstruktion zwar sehr geistreich ersonnen war, sich jedoch nicht bewähren sollte.

Als man das Kabel von Oran aus zu legen begann, zeigte sich, daß es trotz der ausgezeichneten Fabrikationsmethode, mit der man es hergestellt hatte, doch mechanisch nicht völlig zuverlässig geblieben war, da es sich seitdem stark verändert hatte. Man hatte damals eben noch nicht genügend Erfahrungen. Die Festigkeit des Kabels hatte gelitten. Doch da das Wetter ruhig und schön war, wollte man trotzdem den Versuch machen. Aber nachdem die Uferstrecke gelegt war, riß das Kabel plötzlich und sank in die Tiefe, von wo es wegen des am Meeresboden befindlichen Steingerölls nicht mehr aufgefischt werden konnte.

Man war jedoch nicht allzu traurig darüber, da man einen ausreichenden Überschuß an Kabel auf dem Schiff hatte, und es wurde nur beschlossen, an Stelle von Cartagena den näher liegenden Ort Almeria als Landungspunkt in Spanien zu benutzen. Um die Situation dort aufzuklären, mußte man vorerst hinüberfahren. Dies geschah, und die Schiffsgesellschaft, die von den Ortsbewohnern sehr freundlich aufgenommen und durch ein Fest in den Räumen des Theaters geehrt wurde, verlebte in der spanischen Stadt einen sehr angenehmen Tag.

Aber als man am nächsten Morgen wieder abgefahren war, änderte sich das bisher so günstige Wetter plötzlich, nachdem die offene See erreicht war. Es blies ein lebhafter Südwest, und eine tiefgehende Wolke streckte einen seltsamen Rüssel bis zum Meer hinab, wo das Wasser unter dem Rüssel mächtig aufschäumte.

Bald kam man mit dem schlechten Schiff, das ein englischer Küstenfahrer und für das offene Meer wenig geeignet war, in den Teil der See, den die Wasserhose kräftig aufgewühlt hatte. Das Schiff begann hier mächtig zu schwanken, und plötzlich hörte man dumpfe, kurze Schläge aus dem Innern heraultönen. Die Kabeltrommel hatte sich gelöst.

Entsetzt stürzte Werner Siemens in die Kajüte zu seinem Bruder Wilhelm, der schwer mit der Seekrankheit kämpfte. Nur dieser kannte die Konstruktion der Trommel genügend und vermochte allein, das Ungetüm wieder zu fesseln, das die Schiffswände im nächsten Augenblick zu zerschmettern drohte. Das gelang denn auch mit großer Mühe. Mit einem Gefühl der Befreiung suchten alle, als es dunkel wurde, ihr Lager auf. Aber bald sollten sie durch ein neues schreckliches Begebnis geweckt werden.

»Ich hatte«, so schildert Werner Siemens den Vorgang, »noch nicht lange geschlafen, als mich lautes Kommando und Schreckensrufe auf Deck jäh erweckten; unmittelbar darauf legte sich das Schiff in einer Weise auf die Seite, wie ich es sonst nie erlebt habe und auch heute noch kaum für möglich halten kann. Die Menschen wurden aus ihren Betten geworfen und rollten auf dem ganz schräg stehenden Fußboden der großen Kajüte in die gegenüberliegenden Kabinen. Ihnen folgte alles, was beweglich auf dem Schiff war, und gleichzeitig erlosch alles Licht, da die Hängelampen gegen die Kajütendecke geschleudert und zertrümmert wurden. Dann erfolgte nach kurzer Angstpause eine Rückschwankung und noch einige weitere von nahezu gleicher Stärke.

»Es gelang mir, gleich nach den ersten Stößen, das Deck zu gewinnen. Ich erkannte im Halbdunkel den Kapitän, der auf meinen Zuruf nur nach dem Hinterdeck zeigte mit dem Rufe: »*Voilà la terre!*« In der Tat schien eine hohe, in der Dunkelheit schwach leuchtende Felswand hinter dem Schiff zu stehen. Der Kapitän hatte, als er sie gesehen, das Schiff ganz plötzlich gewendet, und dadurch waren die gewaltigen Schwankungen hervorgerufen. Er meinte, wir müßten abgetrieben sein und befänden uns dicht vor den Felsen des Cap des Lions.

»Plötzlich rief eine Stimme im Dunkeln: »*La terre avance!*«, und wirklich stand die hohe, unheimlich leuchtende Wand jetzt dicht hinter dem Schiff und rückte mit einem eigentümlichen, brausenden Geräusch heran.

»Dann kam ein Moment so schrecklich und überwältigend, daß er nicht zu schildern ist.

»Es ergossen sich über das Schiff gewaltige Fluten, die von allen Seiten heranzustürmen schienen, mit einer Kraft, der ich nur durch krampfhaftes Festhalten an dem eisernen Geländer des oberen Decks widerstehen konnte. Dabei fühlte ich, wie das ganze Schiff durch heftige, kurze Wellenschläge gewaltsam hin und her geworfen wurde. Ob man sich über oder unter Wasser befand, war kaum zu unterscheiden. Es schien Schaum zu sein, den man mühsam atmete. Wie lange dieser Zustand dauerte, darüber konnte sich später niemand Rechenschaft geben. Auch die in der Kajüte Gebliebenen hatten mit den heftigen Stößen zu kämpfen, die sie hin und her warfen, und waren zu Tode erschreckt durch das prasselnde Geräusch der auf Deck niederfallenden Wassermassen. Die Zeitangaben schwankten zwischen zwei und fünf Minuten.

»Dann war ebenso plötzlich, wie es begonnen hatte, alles vorüber, aber die leuchtende Wand stand jetzt vor dem Schiffe und entfernte sich langsam von ihm.

»Als nach kurzer Zeit die ganze Schiffsgesellschaft sich mit neugestärktem Lebensmute auf dem Schiffsdeck zusammenfand und die überstandenen Schrecken und Wunder besprach, meinten die französischen Offiziere, das unglaublichste Wunder sei doch gewesen, daß unsere Dame gar nicht geschrien habe. Die echt englische, mit steigender Gefahr wachsende Ruhe meiner Schwägerin schien den lebhaften Franzosen ganz unbegreiflich.«

Die Wasserhose war mit ihrer ganzen Gewalt über das Schiff hinweggegangen, und die Passagiere hatten nur einem Wunder die Rettung zu verdanken. Doch das Phänomen gewährte ihnen, nachdem es sie erschreckt, auch eine Erquickung dadurch, daß es das lebhaftest bewegte Meer in herrlichstem Glanz aufleuchten ließ. Werner Siemens erzählt, das Meeresleuchten sei so lebhaft gewesen, daß man dabei selbst kleine Schrift deutlich habe lesen können.

Einige Stunden später landete man in Oran, und trotz der durchgemachten Aufregung mußte doch daran gedacht werden, das Kabel nach Almeria auszulegen. Es wurde auf eine andere Trommel gewickelt, und bei wiederum sehr schönem Wetter fuhr man ab.

Alles ging sehr gut, und schon hatte man den Küstenstrich bei Cartagena dicht vor Augen. Da sahen die Beobachter des Kabels plötzlich, wie dieses ganz sanft auseinanderging und in der Tiefe verschwand.

Das bedeutete einen Verlust von 150000 Mark. In einem an seinen Bruder Karl gerichteten Brief schrieb Werner bald darauf: »Wie die Untersuchung ergab, war der Hanf an der Bruchstelle gebräunt, was uns einen Augenblick an Bosheit glauben ließ. Doch es scheint eine Schwächung durch Eisenrost gewesen zu sein. Du hast keine Idee, wie ein solcher Ruck einem durch die Glieder fährt! – Bei dem großen Sturme hatte Anne sich mit bewundertem Mute in ihr Schicksal ergeben; als aber das Kabel riß, war ihre Selbstbeherrschung nicht ausreichend; das wirkte stärker wie die Todesfurcht! Wir sind doch sonderbare Geschöpfe!«

Noch schwerer als der finanzielle Verlust traf ihn das technische Fiasko. »Die Arbeit von Monaten, alle Mühe und Gefahr, die nicht wir allein, sondern auch alle unsere Begleiter des Kabels wegen erlitten hatten, waren in einem Augenblick, einiger verstockter Hanffäden wegen unwiederbringlich verloren. Dazu das unangenehme Gefühl, Gegenstand des Mitleids der ganzen Schiffsgesellschaft zu sein. Es war eine harte Strafe für unsere Waghalsigkeit.«

Noch in demselben Jahr wurde, um die Scharte möglichst schnell auszuwetzen, wiederum eine Legung mit einem neu angefertigten und verstärkten Kabel vorgenommen. Diesmal ging alles glücklich vonstatten, und Werner Siemens erhielt von Wilhelm, der wiederum die Legung leitete, aus Cartagena die ersehnte Mitteilung, daß bereits Telegramme zwischen Oran und Paris gewechselt worden seien. Nach wenigen Stunden folgte dann aber die betrübliche Nachricht, daß das Kabel an der spanischen Küste gebrochen sei. Ein Aufnehmen wurde versucht, blieb aber vergeblich, und so war auch das zweite Kabel verloren. Es hatte sich über zwei Felsen gelagert, die hoch über dem Meeresboden standen. So freischwebend bildete es eine »Kettenlinie«, deren Spannung so groß war, daß das Kabel unter dem Zug der eigenen Schwere riß. Zum Glück war die Firma Siemens, Halske & Co. durch die Tatsache, daß zwischen Paris und Oran wirklich Telegramme gewechselt worden waren, von der Verpflichtung entbunden, noch eine dritte Legung zu unternehmen.

Die sehr schweren Verluste, die durch diese unglückliche Unternehmung verursacht waren, führten zu einer Krisis im Geschäft. Halske trat damals aus dem Unternehmen aus, und das Londoner Haus wurde unter der Firma *Siemens Brothers* selbständig gemacht. Diese Periode ist als die Lehrzeit der Siemens auf dem Gebiet der Kabeltelegraphie aufzufassen, denn die Erfahrungen, die sie hierbei machten, befähigten sie zu den großen und grundlegenden Erfolgen, die sie fortab davontrugen.

Die Überwindung des Ozeans

Die Brüder Werner und Wilhelm Siemens haben bei der Herstellung der telegraphischen Verbindung zwischen der Alten und der Neuen Welt Leistungen von grundlegender Bedeutung vollbracht, obgleich sie auch hier nicht die ersten waren, die den Versuch wagten.

Der Pionier ist vielmehr der amerikanische Kaufmann Cyrus W. *Field* gewesen. Er erkannte die Größe der Aufgabe und hat ihrer Lösung seine Lebensarbeit gewidmet.

Zunächst suchte er die amerikanische und die englische Regierung dazu zu bewegen, das Geld für eine transatlantische Kabellegung herzugeben. Aber die Verhandlungen führten zu keinem Erfolg. Da gründete Field im Jahre 1854 eine Aktiengesellschaft unter dem Namen *Atlantic Telegraph Company* mit einem Kapital von 7 Millionen Mark. Drei Jahre nach der Errichtung der Gesellschaft war das 4025 Kilometer lange Kabel fertiggestellt, und es konnte mit der Auslegung an der schmalsten Stelle des Atlantischen Ozeans, zwischen Valentia auf Irland und St. Johns an der Ostküste der kanadischen Insel Neufundland, begonnen werden.

Das Kabel war, nach Biedenkapp, folgendermaßen gebaut: der eigentliche Leitungsdraht bestand aus sieben zu einer Litze zusammengedrehten Kupferdrähten; um diese waren drei Lagen Guttapercha gepreßt, dann kam eine Lage geteerten Hanfs, und außen waren 18 schützende Eisendrähte schraubenförmig herumgewunden. Für die Auslegung wurde das Kabel auf zwei Schiffen, »Agamemnon« und »Niagara«, den größten Fahrzeugen der englischen und amerikanischen Marine, untergebracht. Man begann mit der Auslegung an der irischen Küste. Schon hatte man 450 Kilometer glücklich gelegt, da kam man an eine Stelle, wo der Meeresboden ziemlich plötzlich bis zu einer Tiefe von 3600 Metern abfiel. Das Kabel lief nun so schnell vom Schiff, daß die Trommel nicht folgen konnte, es riß daher und ging verloren.

Zwei Jahre später wurde wieder ein Legungsversuch mit einem neuen Kabel unter Mitwirkung derselben Schiffe gemacht. Diesmal fuhren die Fahrzeuge bis zur Mitte des Ozeans, dort wurden die Kabelenden miteinander verspleißt, »Niagara« ging darauf nach Neufundland, »Agamemnon« nach Irland ab. Es ereigneten sich bei den Fahrten mancherlei aufregende Zwischenfälle. So war es einmal notwendig, eine schadhafte Stelle mit äußerster Geschwindigkeit auszubessern, während das Kabelstück schon abrollte. Dann wurde die moderne Seeschlange von einem Riesenwalfisch angegriffen, der sie beinahe zur Strecke gebracht hätte. Aber schließlich kam das große Werk doch zu glücklichem Ende.

Am 4. August 1858 fuhr der »Agamemnon«, während die Geschütze donnerten, in Valentia ein, am nächsten Tag erhielt man die Nachricht, daß auch »Niagara« glücklich den Trinitybusen, den diesmal gewählten Endpunkt auf Neufundland, erreicht hätte. Die Kabelenden konnten auf beiden Seiten ans Ufer gezogen und mit den bereits vorbereiteten Landlinien verbunden werden. Der große englische Elektriker William *Thomson*, der spätere Lord Kelvin, war der wissenschaftliche Leiter des großen Versuchs. »Freut Euch«, rief er damals aus, »Europa und Amerika sind nicht mehr durch das große Wasser getrennt, wir haben sie einander bis auf wenige Minuten näher gebracht.« Die Königin Viktoria und der Präsident der Vereinigten Staaten tauschten Glückwunschtelegramme als erste transatlantische Depeschen aus. Field wurde in England begeistert gefeiert.

Doch die Freude dauerte nicht lange. Schon am 1. September gingen keine Zeichen mehr durch das Kabel, und es konnte niemals wieder ausgebessert werden. Da während der kurzen Gebrauchszeit des Kabels im ganzen 4359 Worte durch dieses telegraphiert worden waren, so hatte, wie man in Anbetracht der Kabelkosten ausrechnete, jedes Wort 1800 Mark gekostet.

Der Verlust auch dieses Kabels war zwar sehr schmerzlich, aber die gewechselten Telegramme hatten immerhin deutlich gezeigt, von welch außerordentlichem Wert eine solche Verbindung zwischen den beiden Weltteilen ist. Man bemühte sich nun, die Ursache des zweimaligen Mißlingens zu ergründen. Die englische Regierung setzte ein besonderes Komitee ein, das ausfindig machen sollte, wie die Methoden bei der Herstellung und Verlegung von Kabeln zu vervollständigen seien. Schließlich kam man dazu, die Grundsätze, die ein Deutscher, nämlich Werner Siemens, aufgestellt hatte, als maßgeblich anzunehmen. Was Siemens selbst durch die Verlegung der Mittelmeerkabel gelernt, und was er auf Grund seiner theoretischen Ergründungen theoretisch gelehrt hatte, wurde vorbildlich auch für die Überbrückung des Ozeans. So wirkte er auf diesem Gebiet schon geistig, während er persönlich an dem Werk noch nicht beteiligt war.

Gestützt auf die wissenschaftlich nunmehr besser geklärte Situation, an deren Aufstellung auch William Thomson ein lebhaftes Verdienst hatte, vermochte der unermüdliche Field nochmals ein Kapital von 12 Millionen Mark für ein Ozeankabel aufzubringen. Es wurde eine besondere Gesellschaft, »*The Telegraph Construction and Maintenance Company*«, gebildet, welche die Herstellung und Verlegung des Kabels ausführen sollte.

Unter Teilnahme der ganzen Welt wurde der riesenhafte Leitungsdraht auf dem »Imperator« der damaligen Zeit, dem größten Schiff, das man hatte, dem »*Great Eastern*«, untergebracht. Es war dies ein Dampfer von 200 Metern Länge, dessen vier tausendpferdige Maschinen Schaufelräder und eine Schraube antrieben. Das große Schiff konnte bei dieser Fahrt nicht allein auslaufen, da die kolossalen Eisenmassen, welche die Umwehrung des Kabels darstellten, seinen Kompaß unzuverlässig machten. Es mußte daher von zwei anderen Schiffen begleitet werden, die ihm die Richtung zeigten. Als fast 2400 Kilometer ausgelegt waren, riß das Kabel von neuem und versank in unergründliche Tiefe.

Es ist sehr erstaunlich, daß es trotz all dieser Mißerfolge Field dennoch wieder gelang, Kapital aufzubringen, um einen vierten Legungsversuch zu unternehmen. Schon im nächsten Jahr ging der »Great Eastern« wieder in See, und diesmal glückte es wirklich, innerhalb zehn Tagen die Kabellegung zu Ende zu führen. Am 5. August 1866 wurde die Leitung in Neufundland ans Ufer gebracht, und am 2. September gelang es noch dazu, das im vorigen Jahr verlorene Kabel aufzufischen und gleichfalls bis Neufundland zu verlängern. Auf diese Weise hatte man nun gleich zwei transatlantische Telegraphenleitungen, und fortab sind die beiden Weltteile in ununterbrochenem elektrischen Verkehr miteinander geblieben.

Aber bisher hatte man den Atlantischen Ozean nur an einer verhältnismäßig schmalen Stelle überquert. Es fehlte noch die direkte Verbindung zwischen England und den Vereinigten Staaten, da die Kabel auf der amerikanischen Seite bisher alle in Neufundland, also auf kanadischem Gebiet, gelandet waren, von wo die Linien über Land nach dem Gebiet der Vereinigten Staaten geführt wurden. Die Legung und Herstellung eines solchen direkten Kabels stellte wegen seiner sehr viel größeren Länge eine neue schwierige Aufgabe dar. Das Unternehmen wurde darum der Fabrik übertragen, die den nun auch in England schon lebhaftest bewährten Namen Siemens trug. Das erste der ganz großen transatlantischen Kabel ist also in der Fabrik zu Charlton bei Woolwich hergestellt worden. Ihm wurde alle Sorgfalt zugewendet, die möglich war, und die ganzen Erfahrungen der Brüder Werner und Wilhelm halfen mit, ein vorzügliches Fabrikat herzustellen. Der Erfolg ist denn auch dementsprechend gewesen.

Auftraggeberin für das Kabel war die »*Direct United States Telegraph Company*«, die sich im Jahre 1873 mit einem Kapital von 26 Millionen Mark bildete und Wilhelm Siemens zu ihrem *Consulting Director* machte. Die Leitung sollte in Ballinskellig-Bai in Irland beginnen und in Torbay auf Neuengland enden. Von dort aus sollte die Linie gleichfalls durch ein Unterseekabel nach Ray Beach in New Hampshire weitergeführt werden, wo der Anschluß an die amerikanischen Landleitungen erreicht wurde.

Wilhelm Siemens konstruierte für diese Kabellegung ein besonderes Schiff, den auf der ganzen Erde berühmt gewordenen Dampfer »Faraday«, der so viele und so vortrefflich gelungene Kabellegungen ausführen sollte und mit seinem Erscheinen die glückliche Periode der drahtlichen Ozeanüberquerungen einleitete. Wenngleich Wilhelm die Frage der transatlantischen Kabeltelegraphie nach allen Richtungen hin studiert hatte, so ist es doch recht erstaunlich, daß es ihm als einem Mann, der sich niemals mit Schiffbau näher beschäftigt hatte, gelang, ein so vorzügliches und noch nach langer Zeit unübertroffenes Spezialschiff zu konstruieren.

Der »Faraday« wurde auf der Werft von Mitchell & Co. in Walker bei Newcastle-on-Tyne erbaut. Er hatte einen Inhalt von 5000 Registertonnen und war 360 Fuß lang. In seinem Innern barg er drei riesige Trommeln, auf denen ein Kabel von 3500 Kilometern Länge aufgerollt werden konnte. Es war auch eine Einrichtung getroffen, die gestattete, das Kabel im Schiff stets unter Wasser zu halten, da man die Erfahrung gemacht hatte, daß es sich im Trockenen selbst erhitzte, wodurch die Isolierung schmelzen konnte. Der Dampfer war mit zwei Schrauben ausgerüstet, deren Wellen schräg zueinander standen, was ihm eine vorzügliche Manövrierfähigkeit verlieh. Nach dem Urteil aller Zeitgenossen war das Schiff wie kein anderes geeignet, bei Kabellegungen und auch bei Hebungen vortreffliche Dienste zu leisten.

Am 16. Mai 1874 ging der »Faraday« zum erstenmal in See. Diesmal hatte er jedoch nur die Küstenkabel für die englische und auch für die amerikanische Seite an Bord.

Anfang Juni begann er seine Tätigkeit auf der amerikanischen Seite, wo er bald durch starken Nebel aufgehalten wurde.

Am 2. Juli brachten die »*Times*« folgende sensationelle Depesche des Reuterschen Telegraphenbureaus: »Der Dampfer »Faraday« ist in der Nähe von Halifax mit einem Eisberg zusammengestoßen und vollständig gescheitert.«

Die Unglücksbotschaft gelangte natürlich auch sofort nach Deutschland, und sie traf Werner Siemens in einem höchst ungeeigneten Augenblick.

Es war in dem Jahr, als er zum ordentlichen Mitglied der Akademie der Wissenschaften in Berlin ernannt worden war, und an jenem Tag hatte er in einer Festsitzung der Akademie seine Antrittsrede zu halten. Gerade als er zu diesem Zweck von Hause fortgehen wollte, erhielt er die Nachricht von dem Untergang des »Faraday«.

»Es erforderte«, so schreibt er darüber, »nicht geringe Selbstbeherrschung von meiner Seite, niedergedrückt von dieser schrecklichen Kunde, doch meinen nicht verschiebbaren Vortrag zu halten! Nur wenige intime Freunde haben mir die gewaltige Erregung angesehen.«

Glücklicherweise stellte sich bald heraus, daß die Nachricht von den Gegnern der Siemens fälschlich aufgebracht worden war, um diese zu schädigen. Der »Faraday« kehrte wohlbehalten zurück und konnte am 1. September von neuem in See gehen, um die Hauptlegung auszuführen.

Sie geschah unter Leitung von Karl Siemens, der sich zu diesem Zweck an Bord befand. Aber auch Werner wollte persönlich diesen wichtigen Vorgang überwachen. Deshalb hielt er sich während der Legung in Ballinskellig-Bai auf, wo in der Landungsstation die Instrumente zur ständigen Beobachtung des Kabels während der Auslegung aufgestellt waren. Man konnte an ihnen genau den Isolationszustand der gesamten Leitung, soweit sie ins Meer hinabgelassen war, erkennen.

»Es war ziemlich günstiges Wetter«, so schreibt Werner Siemens über die aufregende Zeit seiner Beobachtungen zu Ballinskellig-Bai in den »Lebenserinnerungen«, »und alles ging zunächst gut vonstatten. Der schwierige steile Abfall der irischen Küste zu großer Meerestiefe war glücklich überwunden und den elektrischen Prüfungen zufolge der Zustand des Kabels untadelhaft.

»Da trat plötzlich ein kleiner Isolationsfehler ein, so klein, daß nur außerordentlich empfindliche Instrumente, wie wir sie anwendeten, ihn konstatieren konnten. Nach bisheriger Kabellegungspraxis würde man diesen Fehler unberücksichtigt gelassen haben, da er ohne jeden Einfluß auf die telegraphische Zeichenbildung war. Doch wir wollten eine ganz fehlerfreie Kabelverbindung herstellen und beschlossen daher, das Kabel bis zu dem Fehler, der noch dicht hinter dem Schiffe liegen mußte, wieder aufzunehmen.

»Dies ging auch zunächst trotz der großen Meerestiefe von 18000 Fuß ganz gut vonstatten, wie uns vom Schiffe fortlaufend telegraphiert wurde. Plötzlich flog aber die Skala unseres Galvanometers aus dem Gesichtsfelde – das Kabel war gebrochen! Gebrochen in einer Tiefe, aus der das Ende wieder aufzufischen ganz unmöglich erschien.

»Es war ein harter Schlag, der unser persönliches Ansehen wie unseren geschäftlichen Kredit schwer bedrohte. Die Nachricht durchlief noch in derselben Stunde ganz England und wurde mit sehr verschiedenen Empfindungen aufgenommen. Niemand glaubte an die Möglichkeit, aus so großer Tiefe ein abgerissenes Kabelende wieder aufzufischen, und auch Bruder Wilhelm riet telegraphisch, das verlegte Kabel aufzugeben und die Legung von neuem zu beginnen.

»Ich war überzeugt, daß Karl, ohne den Versuch der Auffischung gemacht zu haben, nicht zurückkehren würde, und beobachtete ruhig die steten Schwankungen der Skala des Galvanometers, um Anzeichen zu finden, die auf Bewegung des Kabelendes durch den Suchanker hindeuteten. Solche Anzeichen traten auch häufig ein, ohne weitere Folgen zu haben, und es vergingen zwei bange Tage, ohne irgendwelche Nachricht von dem Schiffe.

»Auf einmal heftige Spiegelschwankung! Das Ende des Kupferdrahtes mußte metallisch berührt sein. Dann mehrere Stunden lang schwaches, regelmäßiges Zucken des Spiegelbildes der Skala, woraus ich auf stoßweises Heben des Kabelendes durch die Ankerwinde schloß. Doch stundenlange, darauffolgende Ruhe ließ die Hoffnung wieder sinken. Da wiederum starke Spiegelschwankung durch Schiffsstrom, die mit nicht enden wollendem Jubel des Stationspersonals begrüßt wurde.

»Das Unglaubliche war gelungen. Man hatte aus einer Tiefe, die die Höhe des Montblanc über dem Meeresspiegel übertraf, in einer einzigen Operation das Kabel gefunden und, was noch viel mehr sagen will, ungebrochen zutage gebracht. Es mußten viele günstige Verhältnisse zusammentreffen, um dies möglich zu machen. Guter, sandiger Meeresgrund, gutes Wetter, zweckmäßige Einrichtungen für das Suchen und Heben des Kabels und ein gutes, leicht lenkbares Schiff mit einem tüchtigen Kapitän fanden sich hier glücklich zusammen und machten mit Hilfe von viel Glück und Selbstvertrauen das unmöglich Erscheinende möglich.

»Bruder Karl bekannte mir aber später, daß er während des ununterbrochenen Niederlassens des Suchankers, der *sieben Stunden* brauchte, um den Meeresgrund zu erreichen, was ihm erst eine klare Anschauung von der Größe der bekannten Meerestiefe gegeben habe, doch die Hoffnung auf guten Erfolg schon verloren hatte und dann selbst von diesem überrascht wurde.«

Nachdem der Fehler beseitigt war, wurde die Legung zu Ende geführt. Es hatten sich jedoch einige weitere Fehlerstellen gezeigt, und diese wollte man ausbessern, bevor das Kabel in den Betrieb kam. Diese Fehlersuche machte viel Mühe und kostete viel Kabel, so daß der »Faraday« noch zweimal nach England fahren und wieder auslaufen mußte. Das Ergebnis war jedoch schließlich ein so vorzügliches Kabel, wie es vorher von niemanden gebaut und verlegt worden war.

»Der Grundsatz«, so schreibt William *Pole*, der englische Biograph von Wilhelm Siemens, »alle, auch die unbedeutendsten Fehler zu beseitigen, ist bei diesem Kabel auf das gewissenhafteste befolgt worden, obgleich die Vollendung der Legung des Kabels dadurch bedeutend verzögert wurde. Seitdem das Kabel aber im Besitz der Auftraggeber ist, hat es sich als eins der besten von allen Kabeln, welche überhaupt je verlegt worden sind, erwiesen, und seine Sprechfähigkeit ist der anderer Kabel, in welchen unscheinbare Fehler unberücksichtigt geblieben sind, ganz bedeutend überlegen.« Auch die Prüfung durch Sir William Thomson, die höchste Autorität auf diesem Gebiet in England, ergab, daß die Leitung durchaus fehlerfrei war und eine sehr hohe Leitungsfähigkeit besaß.

Durch diese vorzügliche Leistung stand die Fabrik von Siemens Brothers nunmehr an der Spitze der Kabelfabriken. Im Jahre 1881 bestellte der amerikanische Eisenbahnkönig *Gould* ein Doppelkabel nach Amerika durch einfaches Kabeltelegramm. Nach einiger Zeit schon hatte der Dampfer »Faraday« sechs transatlantische Kabel aus der Siemensschen Fabrik verlegt, und damit war auch dieser Zweig der Technik in seine Reifejahre eingetreten.

Intermezzo

Es muß hier noch eine durch das Haus Siemens Brothers in London ausgeführte Kabellegung geschildert werden, weil sie zu ihrer Zeit auf der ganzen Erde sehr großes Aufsehen erregt hat. Das Interesse, das sie erweckte, ist nicht durch besondere technische Vorgänge hervorgerufen worden, sondern durch äußere Begleitumstände, die glücklicherweise für Kabellegungen nicht charakteristisch sind.

In demselben Jahr, in welchem die glückliche Auslegung des ersten direkten atlantischen Kabels durch den Dampfer »Faraday« gelang, war die Fabrik in Charlton auch mit der Herstellung eines Kabels beschäftigt, das die *Brazil and River Plate Telegraph Company* bei ihr bestellt hatte. Es sollte zur *Herstellung einer Telegraphenlinie zwischen Rio de Janeiro und der Küste von Uruguay* dienen. Hierfür mußten 2260 Kilometer Kabel ausgelegt werden. Obgleich es sich hierbei durchaus nicht um die Durchquerung gefährlicher Gewässer handelte, auch um gar keine in irgendeiner anderen technischen Beziehung besonders beschwerliche Aufgabe, griff doch das Verhängnis besonders hart in den Gang der Dinge ein. Zwei gute, große Schiffe gingen bei der Kabellegung verloren, und 58 Menschen kamen dabei ums Leben.

Als das Kabel fertiggestellt war, wurde es auf den Dampfer »Gomos« geladen, der nach Brasilien abging. Er legte ein ziemlich bedeutendes Stück der Kabelstrecke glücklich aus, aber in der Nacht zum 25. Mai 1875 geriet er in der Nähe von Rio Grande do Sul auf eine Sandbank, von der er nicht mehr freizukommen vermochte. Das Schiff wurde gänzlich wrack und mußte verlassen werden. Über 400 Kilometer Kabel gingen mit ihm verloren.

In Charlton wurde darauf ein Ersatzkabel hergestellt und für dessen Überführung nach Südamerika der Dampfer »La Plata« gechartert, der, mit dem Ersatzkabel und Hilfsmaterialien an Bord und mit den besten Wünschen versehen, am 26. November 1874 Gravesend verließ. Das Schiff war ein eiserner Schraubendampfer von fast 1000 Registertonnen Gehalt. Es war vorzüglich ausgerüstet, stand unter dem Kommando eines bewährten Seemanns, des Kapitäns Dudden, und hatte 75 Personen an Bord, darunter den Ingenieur Ricketts, der bei der Auslegung des Kabels die Oberleitung innehaben sollte. Niemand konnte ahnen, daß auch dieses zweite Kabel in ganz anderer Weise den Grund des Meers erreichen sollte, als beabsichtigt war.

Als der »La Plata« sich der Bai von Biskaya näherte, geriet er in einen heftigen Sturm. Das Schiff wurde sehr stark hin und her geworfen und zwei seiner Boote gingen über Bord. Am Morgen wurde dem Kapitän aus dem Maschinenraum mitgeteilt, daß Wasser in diesen eindringe. Er ließ darauf, um das Schiff zu erleichtern, einen Teil des Kabels über Bord laufen. Aber um 10 Uhr war das Wasser im Maschinenraum doch bereits so hoch gestiegen, daß die Feuer erloschen. Die Maschine blieb stehen, und damit war das Schiff verloren. Man ließ die Boote hinunter, und jeder versuchte einen Platz darin zu gewinnen.

Es waren nur noch drei Boote vorhanden. Zwei von diesen scheiterten alsbald in dem hohen Seegang. Eines aber mit 15 Personen wurde nach schweren Erlebnissen von dem Dampfer »Gare Loch« gesichtet, der die Schiffbrüchigen rettete und an Bord nahm. Einer der Überlebenden hat den Untergang des Schiffs geschildert. Wir geben diesen Bericht wie auch den später folgenden auszugsweise nach Pole wieder:

»Ich sah das Schiff untergehen; es war 25 Minuten vor 1 Uhr. Einige Minuten hindurch sank das Schiff nur ganz allmählich, dann verschwand es plötzlich, mit dem Stern nach unten gerichtet. Es war ein entsetzlicher Anblick. Das Deck des Dampfers zersprang kurz vor seinem Untergang, und er war überhaupt in einem schrecklichen Zustand. Der Kapitän aber war noch immer auf seinem Posten; er stand da, allem Anschein nach ruhig und gefaßt, und ich glaube, er hat uns sogar noch ein Lebewohl zugewinkt in dem Augenblick, als er mit dem Schiff versank. Dann noch ein Mark und Bein erschütternder Schrei von den an Bord zurückgebliebenen Mannschaften – solch ein Schrei, wie ich ihn hoffentlich nie wieder hören werde. Wir fischten noch zwei Jungen und einen Mann auf, konnten jedoch sonst niemand mehr retten ...

»Wir erlebten eine schreckliche Nacht. Ich war während der ganzen Zeit auf meinen Knien damit beschäftigt, Wasser aus dem Boot zu schöpfen, wobei ich so fürchterlich ausstand, daß ich wünschte, ich wäre ertrunken. Einige andere von meinen Unglücksgenossen wurden von Fieber und Durst noch schlimmer geplagt. Oft hörte ich den einen oder anderen von ihnen ausrufen: »O mein Gott, was würde ich jetzt nicht für einen Trunk Wassers geben!« Seewasser war genug da; aber davon trank man nur, wenn die Verzweiflung dazu trieb, und der Durst wurde dadurch nur um so qualvoller.«

Die Schiffbrüchigen langten am 2. Dezember 1874 wieder in London an und brachten erst die Nachricht von dem Untergang des Dampfers »La Plata« dorthin. Die Brüder Siemens gaben sofort auf telegraphischem Weg Anordnung, daß Schiffe an die Unglücksstelle fahren sollten, um vielleicht noch Überlebende zu retten. Das hatte jedoch keinen Erfolg. Indessen gelang es einem fremden Schiff, noch zwei Überlebende aufzufinden und zu bergen. Diese beiden hatten eine Leidensgeschichte durchgemacht, wie sie in der Geschichte der Schiffahrt nicht allzuoft vorkommt.

»Sie befanden sich in einem der verloren gegangenen Boote und wurden von der Sturzsee über Bord geschwemmt. Gerade in dem Augenblick, als sie wieder auf der Oberfläche erschienen, versank das Schiff plötzlich in die Tiefe, wodurch sie abermals mit nach unten gezogen wurden. Als sie zum zweitenmal nach oben kamen, erblickten sie ganz in ihrer Nähe ein auf dem Wasser umherschwimmendes beschädigtes Luftrettungsfloß, von dem sie Besitz zu ergreifen sich bemühten. Dieses Floß war aus Gummi gefertigt und bestand aus mehreren mit Luft angefüllten Abteilungen, die durch ein einen Sitz bildendes Segeltuch verbunden waren. Auf diesem Sitz befanden sie sich wie in einem Wassertrog; das Wasser spielte bis an ihre Hüften, so daß ihr unterer Körperteil allmählich von der Kälte erstarrte. Ihre einzige Hoffnung, einem langsamen Tode zu entrinnen, bestand darin, daß sie vielleicht von einem der vorübersegelnden Schiffe bemerkt würden, eine Hoffnung, die nur sehr wenig Aussicht auf Erfüllung hatte, da ein Schiff, das nicht ganz dicht an ihnen vorbeifuhr, sie nur mit Hilfe eines Fernrohrs hätte erblicken können, wenn sie sich gerade auf dem Kamm einer Welle befanden. Dabei wusch die See beständig über sie hin, und wenn sie nicht beide Männer von sehr kräftiger und gesunder Körperkonstitution gewesen wären, so würden sie wohl kaum diese drei Tage bis zu ihrer endlichen Erlösung überlebt haben.«

Häufig sahen sie in der Tat Schiffe in ihrer Nähe vorüberfahren, von denen kein einziges ihre Notschreie hörte, und sie versanken allmählich in einen Zustand, in dem sie zwischen Wachen und Schlafen dahindämmerten.

»Am Mittwoch gegen 4 Uhr morgens sah der eine der Schiffbrüchigen, der eben munter war, trotz der Dunkelheit in der Ferne ein Schiff gerade auf das Floß zusteuern und weckte sofort seinen Leidensgefährten. Das Fahrzeug näherte sich ihnen sehr rasch bis auf eine Entfernung von etwa

100 Yards. Mit der ganzen noch übrigen Kraft ihrer Lungen schrien beide wiederum um Hilfe, und nach einigen Sekunden banger Erwartung kündigte ihnen ein helles Licht an, daß sie gehört worden seien. Zwei Stunden lang leuchtete das Licht wie ein Rettungsstrahl vor ihren Augen, verschwand jedoch kurz vor der Morgendämmerung, und als der Tag anbrach, war nirgendwo mehr ein Schiff zu sehen. Ihre Hoffnung war fast der Verzweiflung gewichen, als sie plötzlich etwa zwei Stunden, nachdem es vollständig hell geworden war, das heiß ersehnte Schiff gerade auf sich zusteuern sahen. Es war der holländische Schoner »Wilhelm Blenkelszoon«. Der Eigentümer, Kapitän J. van Dorp, hatte unmittelbar, nachdem er den Notschrei vernommen, sein Schiff aufgebracht und bis zum Morgen vor Anker gelegt. Inzwischen war das Luftfloß leewärts getrieben. Als der Holländer bei Tagesanbruch nirgends mehr etwas sehen konnte, folgerte er aus der Strom- und Windrichtung genau den Ort, wohin ein schwimmender Schiffstrümmer oder ein Boot getrieben sein könnten, und wandte sofort nach jener Richtung.«

Die Rettung bot jedoch noch besondere Schwierigkeiten, da das Schiff wegen der hochgehenden See nicht unmittelbar an die Seite des Floßes gebracht werden konnte. Ebensowenig konnte man ein Boot hinunterlassen. Die Schiffbrüchigen wurden also aufgefordert, die kurze Strecke zu durchschwimmen. Dem Hochbootsmann Lamont gelang dies glücklich. Nun sollte auch sein Genosse Hooper den Versuch wagen.

»Dieser war noch mehr erschöpft als Lamont; aber in dem Gedanken, daß es am Ende nicht schlimmer sei, auf dem Wege vom Floß nach dem Schiff zu ertrinken, als allein auf dem Floß hilflos auf dem Meere umherzutreiben und schließlich elendiglich umzukommen, wagte er den verzweifelten Versuch und schwamm für sein Leben auf den Schoner zu. Als er jedoch bis an dessen Seite herangekommen war, waren seine Hände so erstarrt, daß er selbst das ihm zugeworfene Seil nicht einmal mehr ergreifen konnte, und so erfaßte er es daher mit den Zähnen. Der kleine Schoner lag tief im Wasser, einige von seiner Bemannung lehnten sich sofort über, und es gelang ihnen, Hooper bei den Händen zu ergreifen und ihn sodann an Bord zu ziehen.

»Die armen Leute waren nicht mehr imstande zu stehen und fast tot vor Nässe, Kälte und Hunger; denn es war damals beinahe Mittwoch mittag, und seit dem vorhergegangenen Samstagabend hatten sie keine Nahrung mehr zu sich genommen. Doch die Menschenfreundlichkeit und sorgsame Pflege des Kapitäns van Dorp und seiner braven Mannschaft, die nicht hoch genug gepriesen werden kann, brachte sie allmählich wieder zu sich.

»Ihre Namen waren mit unter denen veröffentlicht worden, die mit dem Dampfer »La Plata« zugrunde gegangen waren; es muß daher für ihre Familien, als sie plötzlich wieder erschienen, gewesen sein, als ob sie von den Toten auferstanden wären.«

Damit waren also 17 Personen gerettet, 58, darunter auch der Leiter der Expedition, Ricketts, hatten ihren Tod gefunden. Die Feinde des Hauses Siemens benutzten die Gelegenheit, um eine lebhafte Agitation gegen die Brüder einzuleiten. Es wurde behauptet, der Dampfer »La Plata« sei mit schwerer Überlastung in See gegangen. Das Handelsministerium ließ die Angelegenheit auf das genaueste untersuchen, worauf sich die vollkommene Grundlosigkeit aller Beschuldigungen herausstellte, ja Wilhelm Siemens konnte bei seiner Vernehmung glaubwürdig nachweisen, daß er das Schiff mit weit mehr Rettungseinrichtungen versehen hatte, als gesetzlich nötig gewesen war. Durch öffentliche Sammlung wurde zum Besten der Witwen und Waisen der zugrunde gegangenen Mannschaft ein Fonds aufgebracht, zu dem die Brüder Siemens 10000 Mark beisteuerten; ferner sorgten sie reichlich für die Familien der Angestellten ihres eigenen Hauses, die bei der »La-Plata«-Katastrophe ertrunken waren.

Das brasilianische Unglückskabel wurde endlich im Anfang des Jahres 1875 durch ein drittes ausgesandtes Schiff, den »Ambassador«, ausgelegt.

Die indo-europäische Telegraphenlinie

Kurz bevor die Brüder Werner und Wilhelm Siemens sich zur Auslegung ihres ersten transatlantischen Kabels besonders eng zusammengetan hatten, war von ihnen bereits ein anderes großes Werk gemeinschaftlich vollbracht worden. Sie hatten, gleichfalls unter tätiger Mitwirkung von Karl Siemens, eine Landlinie zustande gebracht, welche bei weitem die größte ihrer Zeit war, und die, noch heute fortbestehend, als ein Denkmal Siemensscher Tatkraft anzusehen ist.

Das englische Mutterland suchte, sobald dies technisch möglich war, eine telegraphische Verbindung mit seiner größten und wichtigsten Kolonie, mit Indien, herzustellen. Der erste Versuch, Indien zu erreichen, wurde über Ägypten gemacht. Wir haben Werner Siemens auch hierbei schon am Werk gesehen, denn jenes Kabel durch das Rote Meer, nach dessen Auslegung er Schiffbruch erlitt, war ein Teil der englisch-indischen Verbindungslinie. Es fand seine Fortsetzung durch ein zweites Kabel, das von Aden bis nach Karatschi an der Mündung des Indus verlegt wurde, von wo aus Landtelegraphenlinien sich über ganz Indien erstreckten. Wie wir wissen, hörte das Kabel im Roten Meer schon im Jahre 1861 zu arbeiten auf, und ähnlich ging es manchen anderen Teilstrecken, weil die Leitungen in der Fabrik noch nicht nach den Siemensschen Methoden hergestellt worden waren.

Nun suchte man, da die Wichtigkeit der Verbindung immer deutlicher wurde, Indien über Land zu erreichen. Nur von England zum Kontinent und durch den Persischen Golf von Buschir bis nach Karatschi sollte wieder das Kabel benutzt werden. Schon jetzt wurden die Brüder Siemens von den Regierungen, durch deren Länder diese Telegraphenlinie hindurchging, als Berater herangezogen. Aber man kam hier zu keinem befriedigendem Ergebnis. Hatte man doch keine geschlossene Linie von England bis Indien, sondern es mußten in den verschiedenen Ländern Umtelegraphierungen stattfinden. Dadurch, daß die in englischer Sprache abgefaßten Telegramme in Deutschland, in Rußland und in Persien aufgenommen und von den oft des Englischen nicht kundigen Beamten weiter telegraphiert werden mußten, entstanden sehr böse Störungen. Häufig kamen die Telegramme derartig verstümmelt an, daß sie nicht mehr zu entziffern waren, und ihr Weg dauerte manchmal mehrere Wochen.

Werner Siemens faßte darauf den Plan, eine eigene durchgehende Linie von England nach Indien zu schaffen, die ausschließlich diesem Verkehr dienen und ein direktes Abgeben der Telegramme von London bis Karatschi und Kalkutta ermöglichen sollte. Er schrieb im Jahre 1867:

»Eine der wichtigsten Aufgaben der Gegenwart von der weittragendsten merkantilen und politischen Bedeutung ist die sichere und schnelle telegraphische Verbindung Europas mit Indien. Betrachten wir Indien mit seiner ungeheuren Bevölkerung und seiner steigenden Produktion – für sich allein schon eines der wichtigsten Handelsgebiete der Erde – zugleich als Durchgangspunkt des europäischen Verkehrs nach China, Japan, Australien und ganz Polynesien, eines Verkehrs, der unübersehbare Dimensionen annehmen wird: so leuchtet die Notwendigkeit einer für alle Eventualitäten gesicherten telegraphischen Verbindung hervor, besonders seitdem die große Aufgabe der atlantischen Telegraphenverbindung mit Amerika so glänzend und mit so überaus günstigem finanziellen Erfolge gelöst worden ist.

»Der Verkehr Europas mit Indien und seinen Hinterländern ist an sich für Europa von größerer Bedeutung, als der mit Amerika. Dies gilt in noch höherem Maße vom Telegraphenverkehr. Der Nutzen, den dieser dem korrespondierenden Publikum darbietet, ist der Zeit proportional, welche durch eine telegraphische Mitteilung einer brieflichen gegenüber erspart wird. Da nun ein Brief von London nach Neuyork durchschnittlich nur etwa 11 Tage, nach Kalkutta aber 30 Tage braucht, so ergibt sich der verhältnismäßig weit größere Nutzen einer telegraphischen Depesche nach Kalkutta im Vergleich zu der nach Neuyork aus dieser weit größeren Zeitersparnis.

»Seit die telegraphische Verbindung mit Amerika in so gutem Betriebe ist, daß, gespornt von den brillanten ökonomischen Resultaten derselben, bereits Konkurrenzlinien in Aussicht genommen werden, durch welche die bisher übermäßig hohen Gebühren wahrscheinlich eine bedeutende Herabsetzung erfahren werden, seitdem wird die Bedeutung der direkten indo-europäischen Telegraphie noch wesentlich dadurch erhöht, daß sie künftig auch den bedeutenden Depeschenverkehr Amerikas mit dem östlichen Asien und Australien vermitteln wird. Ist die Depeschenbeförderung zuverlässig, schnell und nicht unverhältnismäßig kostspielig, so wird sie sich sowohl der Handels-, als auch der persönlichen und politischen Mitteilungen in noch weit höherem Maße bemächtigen, als es bei anderen kürzeren und daher weniger Zeit ersparenden Linien der Fall ist.

»Es wird dann kaum ein irgend bedeutenderes Handelsgeschäft ohne telegraphische Verständigung mehr zustande kommen können, da der telegraphische Korrespondent dem brieflichen schon bei einem einfachen Angebot und Akzept um Monate voraus ist. Eine sichere indo-europäische Telegraphie wird aber nicht nur dem bereits bestehenden Verkehr großen Nutzen bringen, sondern auch sehr viel zur schnelleren Entwicklung desselben beitragen.«

Werner Siemens besprach diesen Plan mit seinen Brüdern Wilhelm und Karl, und sie beschlossen, jeder in seinem Gebiet die Vorverhandlungen zu beginnen. Wilhelm arbeitete für das Unternehmen in England, Werner verhandelte mit der preußischen Regierung, Karl suchte Rußland für den Plan zu gewinnen. Drei Jahre lang dauerten die Erörterungen.

Dann erklärten sich alle beteiligten Regierungen bereit, die Konzession zu erteilen.

Technisch wurde die Anlage einer solchen, fast 10000 Kilometer langen durchgehenden Linie nur dadurch möglich, daß Werner Siemens wiederum neue, besonders empfindliche Übertragungs- und Empfangsapparate schuf. Sie gestatten das Übergehen der Telegramme von einem Leitungsteil zum andern ohne das Dazwischentreten von Menschen.

Im Jahre 1868 wurde die *Indo European Telegraph Company* mit einem Kapital von 9 Millionen Mark gegründet. Mit Stolz sagt Werner, es sei ein ehrendes Zeichen für das Ansehen gewesen, welches die Siemensschen Firmen schon damals genossen, daß das erforderliche beträchtliche Kapital ohne Vermittlung von Bankhäusern, nur auf die direkte Aufforderung hin, in London und Berlin gezeichnet wurde.

Der Bau der Linie war am 10. Dezember 1869 beendet. Die Strecke besteht bis zum heutigen Tag unverändert fort. Ihr Arbeiten ist natürlich mit dem Beginn des Weltkriegs unterbrochen worden. Der Weg, den sie durchzieht, ist folgender:

Von London läuft eine Landlinie bis an die englische Küste nach Lowestoft. Von dort führt ein Kabel durch die Nordsee nach Norderney und setzt sich nach Emden fort. Hier schließt die riesige Landlinie an. Sie läuft über Berlin bis Thorn, wo das russische Gebiet erreicht wird. Von dort geht es über Warschau nach Odessa, dann zur Krim und darauf über Tiflis und Täbris nach der persischen Hauptstadt Teheran. Bis dorthin hatte die indische Regierung im Anschluß an das Kabel Karatschi-Buschir ihren Telegraphen vorgestreckt.

Bis die Linie in praktische Benutzung genommen werden konnte, gab es noch mancherlei Verdruß, weil es schwer hielt, den Überwachungsdienst in den verschiedenen Ländern richtig zu organisieren. Erst am 12. April 1870 konnte die von Werner Siemens gewünschte Generalprobe stattfinden. Auf seine Einladung versammelte sich, wie Ehrenberg berichtet, in der Londoner Station der indo-europäischen Linie eine Anzahl hervorragender Interessenten. Darauf wurde Teheran angerufen. Zu Werners nicht geringem Verdruß gelang die Verständigung mit der persischen Hauptstadt zunächst nicht. Dann aber ging alles gut.

»Major Smith, Chef der englischen Telegraphenverwaltung in Teheran, fragte: »Was ist dort die Zeit?« London antwortete: »11 Uhr 50, und dort?« – »3 Uhr 27 nachmittags.« General Sir William Baker, Mitglied des *Council of India*, depeschierte um 12 Uhr 45 nach Kalkutta: »Sir

William Baker an Oberst Robinson, Kalkutta; bin entzückt über die Leistungen der indo-europäischen Linie.« Antwort kam schon um 1 Uhr 50: »Kalkutta, 7 Uhr 7 nachmittags. Betriebsdirektor an Sir William Baker, London. Dank für Ihre Botschaft, die in 28 Minuten hier angelangt ist.«

Damit war der größte Erfolg erzielt, den der Überlandtelegraph bisher erreicht hatte; über eine Entfernung hinweg, die ungefähr einem Siebentel des Erdumfangs entspricht, hatte man in kürzester Zeit Nachrichten getauscht. Es war ein neuer großer Sieg des Siemensschen Hauses.

Die Erfindung der Dynamomaschine

Wir gelangen nunmehr zur Darstellung jener Erfindung, die den Höhepunkt in dem Schaffen von Werner Siemens bedeutet.

Die menschliche Kultur könnte das, was sie heute ist, nicht sein ohne die Einwirkung und Mitwirkung des elektrischen Starkstroms. Die Möglichkeiten, die uns die Ausnutzung der Naturkraft Elektrizität in dieser Form erschlossen hat, sind so zahlreich und so innig mit dem gesamten Dasein und Treiben der heutigen Menschheit verwebt, daß das zwanzigste Jahrhundert ohne sie nicht denkbar wäre.

Starkstrom-Elektrizität treibt gewaltige Maschinen an; sie gestattet – und das ist ihre ureigenste grandiose Eigenschaft – Energie, die an einem geeigneten Punkt erzeugt wird, weithin zu leiten und überallhin zu verteilen; das elektrische Kraftzentrum liefert nach Belieben vier Formen der Energie: Kraft, Licht, Wärme und chemische Zerspaltungs- oder Verbindungsenergie.

Elektrische Bahnen sind das bequemste und vorteilhafteste Beförderungsmittel geworden. Der Elektromotor hebt die schwersten Lasten. Die Elektrometallurgie scheidet Metalle aus dem Erz, die elektrochemische Industrie bereitet das Aluminium, sie entnimmt Stickstoffverbindungen aus der Luft. Millionen und aber Millionen Menschen sind bei der Fabrikation elektrischer Maschinen und aller derjenigen Einrichtungen beschäftigt, die durch sie erst möglich geworden sind. Fast die ganze zivilisierte Menschheit genießt heute die Segnungen, die von den elektrischen Leitungsdrähten ausgehen. Nicht lange mehr, und kein Ort in einem Kulturstaat wird ohne öffentlich nutzbare Elektrizitätsquelle sein.

Daß wir diese unvergleichliche Kraft zu unserer Verfügung haben, verdanken wir Werner Siemens. Er hat die Maschine erfunden, durch die allein es bis zum heutigen Tag möglich ist, nutzbare elektrische Ströme im großen zu erzeugen.

Sowenig wie in irgendeinem anderen Bezirk entspringt im Reich der Technik ein großer Gedanke plötzlich und unvermittelt dem Gehirn eines Menschen, wie Athene fertig gepanzert dem Haupt des Zeus entstieg. Generationen sind gewöhnlich nötig, um das Feld zu düngen, aus dem dann endlich die Wunderblume des abschließenden genialen Gedankens erblüht. Es ist erstaunlich, daß der ganze Werdegang der Dynamomaschine vom ersten Aufblitzen des theoretischen Gedankens, der zur Grundlage ward, bis zu ihrer Fertigstellung kaum mehr als drei Jahrzehnte gebraucht hat.

Wir haben schon in dem kurzen Bericht über die Entwicklung der Telegraphie von der Entdeckung Aragos gehört, daß elektrische Ströme Eisen, das sie in darumgelegten Windungen umfließen, magnetisch machen. Es währte mehrere Jahre, bis der geniale Entdecker der elektrischen Induktion, Michael Faraday, auf den Gedanken kam, daß diese Wechselwirkung zwischen Elektrizität und Magnetismus auch umkehrbar sei. Durch bloße Überlegung erkannte Faraday, daß, wenn Elektrizität Magnetismus zu erzeugen vermöge, Magnetismus auch imstande sein müsse, Elektrizität hervorzurufen. Im Jahre 1831 vermochte er diese Behauptung durch ein Experiment zu beweisen. Er schrieb darüber:

»Es erschien mir sehr sonderbar, daß, während jeder elektrische Strom von einer magnetischen Wirkung rechtwinklig zum Strom von entsprechender Intensität begleitet war, nicht auch in guten, in den Bereich dieser Wirkung gebrachten Elektrizitätsleitern irgendein Strom oder etwas einem solchen Strom an Kraft Äquivalentes durch sie induziert werden sollte.

»Diese Erwägungen und die daraus erwachsende Hoffnung, Elektrizität aus gewöhnlichem Magnetismus zu gewinnen, regten mich zu verschiedenen Zeiten an, die Induktionswirkung elektrischer Ströme durch Experimente genauer zu untersuchen. Vor kurzem habe ich denn auch positive Resultate erreicht, und meine Hoffnungen sind in Erfüllung gegangen.«

Faraday fand, daß ein Magnetstab, den man in eine Drahtspule hineinstößt, in dieser einen Strom erzeugt, und daß dasselbe geschieht, wenn man den Magnet wieder herauszieht. Während der Magnetstab in der Spule ruht, entsteht jedoch kein Strom. Man vermag ebenso eine Stromerzeugung zu bewirken, wenn man einen weichen Eisenkern, der fest in der Spule steckt, abwechselnd magnetisiert und wieder entmagnetisiert.

Zunächst waren die Wirkungen, die Faraday auf diese Weise erhielt, nur gering. Bei der ersten Vorführung seiner Entdeckung vor der *Royal Institution* sagte er: »Der Funke ist so gering, daß Sie ihn kaum bemerken können, aber andere Funken werden folgen, welche diese Kraft für höchst wichtige Zwecke verwendbar machen.« Er selbst verfolgte als reiner Wissenschaftler die praktische Verwendung seiner Entdeckung nicht weiter. »Mir war es mehr darum zu tun«, sagte er später, »neue Tatsachen und weitere Beziehungen, die auf der magneto-elektrischen Induktion beruhen, ausfindig zu machen, als die Kraft der bereits erzielten Ströme zu vermehren, da ich der festen Überzeugung war, daß diese ohnedies im Laufe der Zeit zu ihrer vollen Entwicklung gebracht werden würden.«

Und wirklich wurden sehr bald von anderen Maschinen gebaut, welche die magnet-elektrische Induktion ausnutzten. Der Franzose *Pixii* und der Italiener *Dal Negro* konstruierten schon im Jahre 1832 Maschinen, bei denen die Magnetinduktion dadurch hervorgerufen wurde, daß Induktionsspulen den Polen von Magneten durch Drehung fortwährend genähert und wieder von ihnen entfernt wurden. 1853 gelang es *Nollet*, eine sehr große Maschine dieser Art zu bauen. Nachdem sie durch *Holmes* verbessert und ausgestaltet worden war, geschah es am 8. Dezember 1850 zum erstenmal, daß Strom für elektrisches Licht durch Maschinenkraft erzeugt wurde. Es brannte in dem Leuchtturm auf South-Foreland.

Die so gebauten Maschinen erlangten bald eine gewisse Bedeutung. Der ihnen zugrunde liegende Gedanke war, die von dauernden Stahlmagneten erzeugten Kraftfelder zur Induzierung von Strömen in Spulen zu benutzen, die durch die Magnetfelder hindurchgedreht wurden. Den drehbaren Teil, auf dem die Spulen saßen, nannte man Anker.

Um eine möglichste Steigerung der induzierten elektrischen Kraft hervorzurufen, kam es darauf an, den Anker so zu bauen, daß möglichst viele Spulenwindungen sich zu gleicher Zeit im Bereich des magnetischen Felds befanden. 1856 erfand Werner Siemens eine in dieser Hinsicht sehr wichtige Neuerung. Er baute damals einen Anker, der die Form eines Zylinders mit zwei parallelen Einschnitten in der Längsrichtung hatte. Nach der Form, die der Querschnitt dieses Ankers besitzt (T), nannte er ihn Doppel-T-Anker. Es sind hier die Spulenwindungen parallel zur Achse des Zylinders in den Einschnitten aufgewickelt.

Da man den dringenden Wunsch hatte, recht starke und dauernde elektrische Ströme zu erhalten, so wurden immer umfangreichere magnet-elektrische Maschinen gebaut. Man nahm jedoch bald wahr, daß deren Leistungsfähigkeit durchaus nicht im Verhältnis zu ihrer Größe wuchs. Es wurde im Gegenteil die Kraft der induzierenden Stahlmagnete durch den im Anker entstehenden induzierten und entgegengesetzten Magnetismus immer mehr geschwächt.

Daraus erwuchs der Gedanke, an Stelle der Stahlmagnete Elektromagnete zur Erzeugung der Induktion zu benutzen. Man versuchte dies zuerst in der Weise, daß man die Elektromagnete durch Batterieströme erregte. Aber auch hier arbeitete die Maschine sich selbst bis zu einem gewissen Grad entgegen. *Wilde* in Birmingham benutzte dann an Stelle der Batterie zur Erregung der Elektromagnete eine kleine magnet-elektrische Maschine, die mit Siemensschem Doppel-T-Anker ausgerüstet war. Hierdurch konnte man schon recht kräftige Ströme erzeugen, aber eine genügende Steigerung war auch hier nicht möglich. Die richtige Anordnung brachte erst das *dynamo-elektrische Prinzip*, das von Werner Siemens im Jahre 1866 gefunden wurde.

Siemens faßte den großartigen Gedanken, daß man für die Erregung der Magnete, die dann im Anker der Maschine den Strom hervorrufen, doch nicht notwendigerweise von außen her gelieferten elektrischen Strom verwenden müsse. In jedem einmal magnetisierten Eisen, also auch in den Erregern, bleibt immer etwas Magnetismus zurück. Dieser genügt, um im Anker, wenn man ihn dreht, elektrischen Strom hervorzurufen. Führt man nun diesen schwachen elektrischen Strom um die Wicklungen der erregenden Magnete herum, so muß deren Magnetismus verstärkt werden, wodurch nun wieder die Stromentwicklung im Anker gesteigert wird. Das wirkt von neuem auf die Erregermagnete, von da wiederum auf den Anker, und so muß sich immer weiter eine Steigerung der Maschinenleistung ergeben, bis die für ihre Bauart höchstmögliche Leistung erreicht ist.

Das Ergebnis war, als Siemens das Prinzip praktisch ausprobte, in der Tat so, wie er es erwartet hatte. Er nannte den so entstandenen wunderbaren Apparat dynamo-elektrische Maschine, von dem griechischen Wort Dynamis = Arbeit, weil hier die Arbeit, die dazu verwendet wurde, um den Anker zu drehen, sich direkt in elektrischen Strom umsetzte. In trefflicher Weise ist die Anordnung in der Maschine so getroffen, daß der Magnetismus immer den Strom und der Strom den Magnetismus verstärken muß. Technische Konstruktionen sind, wie Graetz sagt, immer genial und hervorragend leistungsfähig, wenn sie es verstehen, Anordnungen zu treffen, durch welche sich Ursache und Wirkung gegenseitig verstärken. Das ist bei dieser Maschine in besonderem Maß der Fall.

Werner Siemens erwähnt seine große Erfindung, nach Pole, zum erstenmal in einem Brief, den er am 4. Dezember 1866 an seinen Bruder Wilhelm schrieb:

»... Ich habe eine neue Idee gehabt, die aller Wahrscheinlichkeit nach reussieren und bedeutende Resultate geben wird.

»Wie Du wohl weißt, hat Wilde ein Patent in England genommen, welches in der Kombination eines Magnetinduktors meiner Konstruktion mit einem zweiten, welcher einen großen Elektromagnet anstatt der Stahlmagnete hat, besteht. Der Magnetinduktor magnetisiert den Elektromagnet zu einem höheren Magnetismus, wie er durch Stahlmagnete zu erreichen ist. Der zweite Induktor wird daher viel kräftigere Ströme geben, als wenn er Stahlmagnete hätte. Die Wirkung soll kolossal sein, wie in »Dinglers Journal« mitgeteilt.

»Nun kann man aber offenbar den Magnetinduktor mit Stahlmagneten ganz entbehren. Nimmt man eine elektromagnetische Maschine, welche so konstruiert ist, daß der feststehende Magnet ein Elektromagnet mit konstanter Polrichtung ist, während der Strom des beweglichen Magnetes gewechselt wird; schaltet man ferner eine kleine Batterie ein, welche den Apparat also bewegen würde, und dreht nun die Maschine in der entgegengesetzten Richtung, so muß der Strom sich steigern. Es kann darauf die Batterie ausgeschlossen und entfernt werden, ohne die Wirkung aufzuheben.«

Der welthistorische Augenblick, in dem eine elektrische Maschine mit Fremderregung zum erstenmal so geschaltet wurde, daß ihr eigener Strom um die Erregermagnete lief, ist uns durch einen Augenzeugen geschildert worden. Siemens, der ungeduldig auf die Feststellung harrte, ob sein Gedanke auch durch den praktischen Versuch bestätigt werden würde, hat damals die ausschlaggebende Umschaltung selbst vorgenommen. Der Werkmeister Karl Müller, der ihm dabei behilflich war, lebt heute noch in Schöneberg, und er hat in einer Unterredung, die Heintzenberg mit ihm anläßlich des 50jährigen Jubiläums der Dynamomaschine hatte, die Vorgänge, die ihm noch nach einem halben Jahrhundert sehr gut erinnerlich waren, geschildert. Heintzenberg hat diese Darstellung Müllers in der »Täglichen Rundschau« wiedergegeben. Müllers Erzählung lautete demnach ungefähr so:

Eines Tages war »der Alte« zu ihm in die Werkstatt hinuntergestürmt und hatte ihm in seiner lebhaften Art den Auftrag gegeben, nach einer Handskizze so schnell wie möglich eine Maschine zusammenbauen zu lassen, bei der die Erregung nicht durch Stahlmagnete, sondern durch Elektromagnete hervorgerufen werden sollte. Die Eisenkerne für die Elektromagnete, die Polschuhe und die Wicklung mußten neu hergestellt werden. Müller ging eifrig an die Arbeit. Es konnte jedoch dem Prinzipal nicht schnell genug gehen. Schon nach wenigen Tagen gab er in heftiger Weise seiner Enttäuschung darüber Ausdruck, daß die Maschine immer noch nicht fertig sei.

Endlich war es nun so weit.

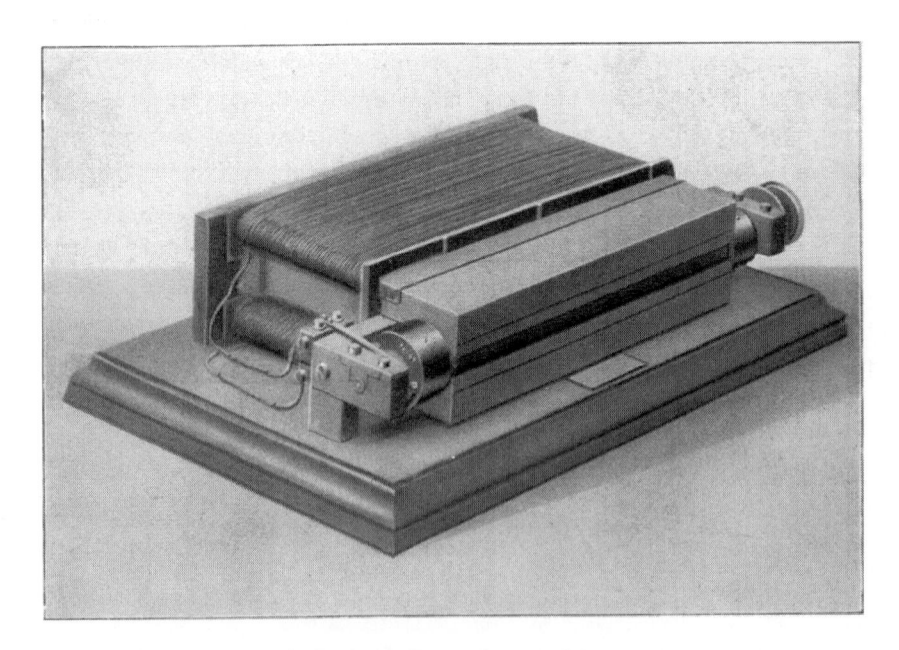

Die erste Dynamomaschine

»Die Maschine stand bereit in der Werkstatt; ob sie allerdings den Anforderungen des gestrengen Herrn genügen würde …? Es war eine tolle Hetzjagd gewesen, und manches hätte in ruhigerer Arbeit sorgfältiger gemacht werden können. Müller hatte auch mehrfach versucht, den Anker der Maschine zu drehen und dabei gefunden, daß dies verdammt schwer ging. Auch die Anker seiner gewöhnlichen Induktoren setzten der Drehung einen gewissen Widerstand entgegen, aber doch nicht in dem Maße. Er hatte die Maschine wieder auseinandernehmen und die Lager nachsehen lassen, aber niemand hatte einen Fehler finden können; so sah Müller mit etwas gemischten Gefühlen dem Augenblick entgegen, in dem Werner Siemens kommen würde, um die neue Maschine zu prüfen.

»Ein Gehilfe bat um eine Auskunft, und als sie zusammen in die Werkstatt traten, sah Müller, daß Werner Siemens bereits an der Versuchsmaschine stand. Die Stirnfurche, von der man nie recht wußte, ob sie ein Zeichen von schlechtem Wetter oder nur die Folge von angestrengtem Nachdenken war, schien heute noch tiefer als sonst. Manchmal war ihm recht ungemütlich in der Nähe dieses Feuergeistes, wenn er sich auch immer wieder sagte, daß dieses aufbrausende Wesen nie lange andauerte, und wenn er auch ahnte, daß es nur ein Schild war, hinter dem der Alte gegen seine eigene große Gutmütigkeit Deckung suchte.

»Werner Siemens hatte kaum bemerkt, daß Müller mit ehrerbietigem Gruß zu ihm getreten war. Die Hände fest in den Taschen verankert, stand er vor der Maschine und ließ seinen scharfen Blick von einem Teil zum anderen gleiten. Dann versuchte er zu drehen.

»Na, nun geht das Donnerwetter los, dachte Müller; aber nichts dergleichen geschah. Im Gegenteil, die Stirnfalte war zweifellos etwas geglättet. Nun sollte Müller die Drahtverbindung zwischen der Batterie und dem Elektromagneten lösen. Das ging dem Alten aber zu langsam, und schon hatte er Müller den Schraubenschlüssel aus der Hand genommen, warf die abgeschalteten Drähte beiseite wie etwas sehr Überflüssiges und verband nun die freien Enden der Magnetwicklung irgendwie mit den Schleiffedern am Kommutator. Das alles ging so schnell, daß Müller kaum die geänderte Schaltung zu erkennen vermochte. Nachdem in den Ankerstromkreis noch ein Galvanoskop eingeschaltet war, mußte Müller drehen.«

Das Galvanoskop erhielt sofort so viel Strom, daß es für immer dahin war. Müller dachte, der Prinzipal würde über die Vernichtung des kostbaren Instruments verdrießlich sein. Aber Werner Siemens klopfte im Gegenteil dem verdutzten Werkführer auf die Schulter und sprach zu ihm wie zu einem Freund, was er früher nie getan hatte. »Er sprach und sprach, und seine Augen leuchteten noch mehr als sonst.« Was er eigentlich sagte, verstand Müller nicht recht vor lauter Verwunderung über das veränderte Wesen des Prinzipals.

Wir verstehen diese Erregung Werner Siemens' heute sehr gut. Es war eben der Augenblick gewesen, in dem die Richtigkeit des dynamoelektrischen Prinzips praktisch erwiesen wurde. Das Galvanoskop war das erste Opfer des dynamo-elektrisch erzeugten Stroms geworden. Aber es sollte nicht umsonst gestorben sein.

In einer schönen Zeitverkettung fällt das 50jährige Jubiläum der Dynamomaschine genau in die Zeit, in welcher der Geburtstag des Meisters sich zum hundertsten Mal jährt.

Kurz vor Weihnachten des Jahres 1866 führte Werner Siemens seine neue Erfindung den Professoren Dove, Magnus und Du Bois-Reymond sowie mehreren anderen ersten Physikern Berlins vor. Professor Magnus erbot sich sogleich, der Berliner Akademie der Wissenschaften eine Beschreibung der Erfindung vorzulegen. Dies konnte jedoch wegen der Weihnachtsferien erst am 17. Januar 1867 geschehen. In der Arbeit, die Professor Magnus damals der Akademie übergab, schrieb Werner Siemens am Schluß: »Der Technik sind gegenwärtig die Mittel gegeben, elektrische Ströme von unbegrenzter Stärke auf billige und bequeme Weise überall da zu erzeugen, wo Arbeitskraft disponibel ist. Diese Tatsache wird auf mehreren Gebieten derselben von wesentlicher Bedeutung sein.« Das ist denn auch in großartigster Weise eingetroffen.

In England wurde die Erfindung dadurch bekanntgemacht, daß Wilhelm Siemens am 14. Februar 1867 einen Vortrag darüber in der *Royal Society* unter dem Titel »Über die Umsetzung dynamischer in elektrische Kraft ohne Hilfe von permanentem Magnetismus« hielt. Er sagte darin:

»Seit Faradays großer Entdeckung der Magneto-Elektrizität im Jahre 1830 haben die Elektriker für den Zweck der Erzeugung ihrer kraftvollsten Effekte ihre Zuflucht zu mechanischer Kraft genommen, jedoch die Kraft der magneto-elektrischen Maschine scheint in gleichem Maße von der verausgabten Kraft einerseits und von dem permanenten Magnetismus andererseits abhängig zu sein.

»Mein Bruder, *Dr.* Werner Siemens in Berlin, hat mich aber vor kurzem auf ein von ihm angestelltes Experiment aufmerksam gemacht, wodurch nachgewiesen wird, daß der permanente Magnetismus zur Umsetzung von mechanischer in elektrische Kraft nicht erforderlich ist, und das durch dieses Experiment erzielte Resultat ist höchst bemerkenswert, weil dasselbe nicht nur diese, bis dahin unbekannte Tatsache feststellt, sondern vor allem auch, weil es uns ein einfaches Mittel an die Hand gibt, um höchst kraftvolle elektrische Nutzeffekte hervorzubringen.«

Er gab hierauf eine Beschreibung des Apparats. Und dann geschah in der Versammlung etwas, das in der Geschichte der Erfindungen ewig denkwürdig bleiben wird.

Unmittelbar nachdem Wilhelm Siemens seinen Vortrag beendet hatte, stellte Professor *Wheatstone* der *Royal Society* einen Apparat vor, der gleichfalls auf Grund des dynamo-elektrischen Prinzips gebaut war. Die Erfindung war also von ihm fast gleichzeitig gemacht worden. Ja es stellte sich heraus, daß bereits im Dezember 1866, also gerade in den Tagen, in welchen Werner Siemens seine Maschine vollendete, ein Ingenieur namens *Varley* ein englisches Patent auf den gleichen Apparat nachgesucht und hierbei dem Patentamt eine provisorische Beschreibung in versiegeltem Umschlag eingereicht hatte.

Es war also, wie man das bei großen Gedanken nicht selten beobachten kann, die Zeit der Reife für diese Erfindung gekommen gewesen. Nun *mußte* sie der Menschheit in den Schoß fallen. Das Verdienst von Werner Siemens wird hierdurch nicht im geringsten gemindert. Jeder, der sich nicht durch nationalistische Beweggründe in seiner Meinung beirren läßt, muß zugeben, daß dem deutschen Meister das Recht der Priorität zusteht. Selbst der Engländer Tyndall erklärte am 17. Januar 1879 in einem Vortrag über das elektrische Licht, den er vor der *Royal Institution* hielt:

»Eine Abhandlung über denselben Gegenstand von *Dr.* Werner Siemens wurde am 17. Januar 1867 vor der Akademie der Wissenschaften in Berlin verlesen. In einem Brief an die Zeitschrift »*Engineering*«, Nr. 622, Seite 45, behauptet Mr. Robert Sabine, daß Professor Wheatstones Maschine in den Monaten Juli und August 1866 von Herrn Stroh gebaut worden sei. Ich bezweifle Herrn Sabines Aussage keineswegs; es ist jedoch im allerhöchsten Grade gefährlich, von dem alten Grundsatz, den Faraday stets in aller Strenge befolgt hat, abzuweichen, daß das Datum der Geburt einer Erfindung mit dem Datum der Veröffentlichung identisch sei.«

Werner Siemens selbst nahm die Priorität durchaus für sich in Anspruch mit dem Hinweis darauf, daß das Prinzip zum erstenmal in den gedruckten Verhandlungen der Berliner Akademie der Wissenschaften veröffentlicht worden sei. Auch ist der Name, den er dem Apparat gegeben hat, dynamo-elektrische Maschine, allgemein üblich geworden, und er wird noch heute in der Praxis in der abgekürzten Form Dynamomaschine überall gebraucht.

Werner Siemens durfte sich um so mehr auf diese erste Veröffentlichung als die ausschlaggebende Tatsache stützen, als ihm selbst während seiner langen Erfindertätigkeit oft genug die Vaterschaft an einer Erfindung nur aus dem Grund nicht zuerkannt wurde, weil er im Drang der Geschäfte die Veröffentlichung unterlassen hatte und ein anderer ihm damit zuvorgekommen war. Auch in diesen Fällen, wo es für ihn ungünstig war, hielt er den Grundsatz, daß die erste Veröffentlichung die Priorität begründe, für einzig richtig. Er schreibt darüber einmal in den »Lebenserinnerungen«:

»Es erscheint zuerst zwar hart und ungerecht, daß jemand durch frühere Publikation die Ehre einer Entdeckung oder Erfindung sich aneignen kann, die ein anderer, der schon lange mit Liebe und gutem Erfolge an ihr gearbeitet hat, erst nach vollkommener Durcharbeitung publizieren wollte. Andererseits muß man jedoch zugeben, daß irgendeine bestimmte Regel über die Prioritäten festgesetzt werden muß, da für die Wissenschaft und die Welt *nicht die Personen, sondern die Sache selbst* und deren Bekanntmachung in Betracht kommt.«

Es ist kein Zweifel, daß der Gedanke, den Werner Siemens im dynamo-elektrischen Prinzip ausgesprochen hat, uns heute außerordentlich naheliegend erscheint. Aber gerade die großen Vereinfachungen pflegen stets zuletzt gefunden zu werden, und eben sie bewirken durch ihre unvergleichliche Klarheit, daß die Konstruktion dann selbstverständlich erscheint. Durch die Schaffung der Dynamomaschine erst gelang es, die Elektrizität aus dem Anfangsstadium herauszuheben, in dem sie nur Gedanken übermittelte, gewissermaßen nur den Kommandeur spielte. Von jetzt ab konnte sie auch Kraft übertragen und selbst dienstbar schaffend dem Menschen zur Hand gehen.

Die erste Anwendung, die Werner Siemens von der neu erfundenen Maschine machte, war die Konstruktion eines Zündapparats für Sprengkapseln. Verbesserte Vorrichtungen dieser Art werden noch heute zu tausenden in Bergwerken und bei der Armee angewendet. Am 10. Juli 1868 wurde dann zum erstenmal auf dem Artillerieschießplatz bei Berlin das elektrische Licht eines Scheinwerfers durch einen Strom erzeugt, der von einer Dynamomaschine herrührte. Alsdann mehrten sich die Anwendungen außerordentlich rasch.

Auch der große und für die Jetztzeit so überaus wichtige Gedanke der Übertragung von Kraft, die durch die Dynamomaschine erzeugt wird, über weite Strecken wurde nicht sehr viel später gefaßt. Es ist Wilhelm Siemens, der ihn im Jahre 1877 wohl zum erstenmal ausgesprochen hat. Er war damals zum Präsidenten des *Iron and Steel Institute* gewählt worden und wies in seiner Antrittsrede darauf hin, daß für eine gewisse spätere Zeit eine Abnahme der Kohle drohe, und daß man rechtzeitig dafür Sorge tragen müsse, sie durch Wasserkräfte zu ersetzen. Er machte dabei insbesondere auf die Niagarafälle als eine riesenhafte natürliche Kraftquelle aufmerksam und sagte:

»Die Wassermasse, die stündlich über diesen Fall hinwegstürzt, ist auf 100 Millionen Tonnen geschätzt worden, und die senkrechte Tiefe kann man auf 150 Fuß veranschlagen, die Stromschnellen noch nicht gerechnet, die einen ferneren Höhenabfall von 150 Fuß repräsentieren, was einen Gesamtabfall von 300 Fuß zwischen See und See ausmacht. Die Kraft, die der Hauptfall allein darstellt, beträgt 16800000 Pferdekräfte, eine Kraftmenge, die, wenn sie durch Dampf erzeugt werden sollte, die Verausgabung von nicht weniger als jährlich 266000000 Tonnen Kohlen benötigen würde, wenn man den Kohlenverbrauch auf stündlich vier Pfund pro Pferdekraft berechnet. Mit anderen Worten, die gesamte Kohlenmenge, die auf der ganzen Welt zutage gefördert wird, würde kaum genügen zur Erzeugung der Kraftmenge, die bei diesem einen großen Wasserfalle beständig nutzlos vergeudet wird.

»Es würde in der Tat nicht schwierig sein, einen großen Teil der auf diese Weise verloren gehenden Kraft mit Hilfe von Turbinen und Wasserrädern nutzbar zu machen, die an den Ufern des Flusses unterhalb der Fälle errichtet und durch Gräben längs der Uferränder gespeist würden. Dagegen würde es unmöglich sein, die Kraft an Ort und Stelle auszunützen, da der Bezirk keinen Reichtum an Mineralien oder anderen Naturprodukten besitzt, welche die Errichtung vorteilhaft erscheinen ließen …

»Im Lauf der Zeit dürften sich wohl wirksame Mittel finden lassen, um Kraft auf große Entfernungen zu übertragen; doch kann ich nicht umhin, schon jetzt auf ein Mittel aufmerksam zu machen, das meines Erachtens wohl der Beachtung würdig ist, nämlich auf den elektrischen Leiter. Man nehme an, Wasserkraft werde verwendet, um eine dynamoelektrische Maschine in Bewegung zu setzen, so würde ein sehr starker elektrischer Strom erzeugt werden, der durch einen metallischen Leiter von größeren Dimensionen auf eine bedeutende Entfernung fortgeleitet und dann wiederum benutzt werden könnte, um elektromagnetische Maschinen zu treiben und die Kohlenspitzen elektrischer Lampen zum Glühen zu bringen oder die Scheidung von Metallen aus ihren Verbindungen zu bewirken. Ein Kupferleiter von 3 Zoll Durchmesser würde imstande sein, 1000 Pferdekräfte auf eine Entfernung von etwa 50 Kilometern zu übertragen, und diese Kraftmenge würde genügen, um Leuchtkraft von einer Viertelmillion Normalkerzen zu liefern, womit eine mittelgroße Stadt erleuchtet werden könnte.«

Pole schreibt in seiner Schilderung des Lebens von Wilhelm Siemens, daß diese Äußerung die Zuhörer in höchstem Grad überrascht habe, und daß diese Zukunftshoffnungen nur mit einem Lächeln des Unglaubens aufgenommen worden seien. Wir wissen heute, in wie großartiger Weise die Erfindung von Werner Siemens die Hoffnungen seines Bruders auch auf dem Gebiet der Kraftübertragung erfüllt hat.

Moderne Riesen-Dynamo der Siemens-Schuckert-Werke

Die erste Dynamomaschine, die Werner Siemens baute, war noch mit seinem Doppel-T-Anker ausgerüstet. Antonio *Pacinotti* hatte aber schon 1860 für die magnet-elektrische Maschine den Ringanker erfunden, der eine gründlichere Ausnutzung der Induktion gestattete. Er ist unter dem Namen Grammescher Ring weit verbreitet gewesen, weil der Belgier Zenobius *Gramme* es war, der die Pacinottische Erfindung in die Praxis übertrug.

Ein weiterer wichtiger Schritt in der Ausbildung der Dynamomaschine geschah, als der Leiter des Konstruktionsbureaus der Firma Siemens & Halske, Friedrich *von Hefner-Alteneck*, den Trommelanker konstruierte, der gewissermaßen die Vorteile des Doppel-T-Induktors und des Pacinottischen Rings vereinigte. Bei dem Trommelanker sind die Wicklungen über den Mantel eines Zylinders so gezogen, daß die erregende Einwirkung der Polmagnete fast vollständig ausgenutzt werden kann.

Mit diesem »Wunderknäuel«, wie man Hefner-Altenecks Erfindung bei ihrem ersten Auftreten nannte, hatte die Dynamomaschine die Form bekommen, in der sie noch heute benutzt wird. Die Abmessungen aber, wie sie in unseren Tagen bei den gewaltigen Turbogeneratoren erreicht worden sind, hat wohl auch Werner Siemens noch in seinen letzten Lebensjahren kaum geahnt.

Elektrische Bahnen

Die Übertragungsfähigkeit der elektrischen Energie, der Wilhelm Siemens bald nach Erfindung der Dynamomaschine eine so große Zukunft vorausgesagt hatte, sollte wirklich bald in besonderer Weise ausgenutzt werden.

Die Dynamomaschine hat den außerordentlichen Vorzug, daß sie umkehrbar ist. Im Anker wird Strom erzeugt, wenn man ihn gewaltsam innerhalb des Felds der feststehenden Polmagnete dreht. Führt man aber dem Anker von außen her Strom zu, so setzt er sich mit bedeutender Kraft in Bewegung und ist imstande, Maschinen zu drehen. Man sprach im Beginn von »sekundären Dynamomaschinen«, denen man Strom zuführte; heute nennen wir diese Maschinen *Elektromotoren*. Setzt man einen solchen Elektromotor auf ein Fahrgestell, so vermag er, sobald man ihm Strom zuführt, die Räder des Fahrgestells in Bewegung zu setzen und kann auf diese Weise Wagen befördern.

Die erste Anregung zur Herstellung elektrischer Bahnen wurde indirekt durch den im vorigen Abschnitt erwähnten Vortrag von Wilhelm Siemens gegeben.

Der Baumeister Westphal in Kottbus hatte von dem Vorschlag Wilhelm Siemens' gehört, die Kraft der Niagarafälle zu übertragen. Er war nicht so skeptisch wie die Engländer und fragte darum bei Werner Siemens in Berlin an, ob es nicht möglich wäre, die Energie verbrennender Braunkohle aus seinem Wohnbezirk nach Berlin zu übertragen. Hiermit wurde ein Gedanke ausgesprochen, der ja heute eine sehr bedeutende praktische Nutzanwendung gefunden hat. Aber damals waren noch keine Möglichkeiten vorhanden, eine ökonomische Fernleitung elektrischer Energie über so weite Strecken herzustellen, da man die Vorzüge der Hochspannung noch nicht kannte und sie technisch auch nicht hätte beherrschen können. Aber aus den Verhandlungen mit Werner Siemens entstand schließlich die Idee, die elektrische Kraftübertragung wenigstens dazu zu benutzen, um die Kohle mittels elektrischer Kraft auf Schienen über das Grubengebiet des Herrn Westphal selbst zu transportieren.

Werner Siemens ging gleich daran, eine kleine, schmalspurige elektrische Bahn zu konstruieren. Sie ist niemals in einer Kohlengrube gefahren, aber sie wurde doch die erste elektrische Bahn der Welt, die in Betrieb gesetzt wurde.

Schon im Jahre 1834 hatte Jacobi in Petersburg versucht, ein Boot mittels einer magnet-elektrischen Maschine anzutreiben. Der Strom wurde einer Batterie entnommen. Aber das Zink, das hierbei elektrolytisch verbraucht wurde, war ein viel zu teures Brennmaterial. 1835 konstruierten dann die Ingenieure Strathing und Becker in Gröningen eine magnet-elektrische Lokomotive. Auch diese Versuche führten zu keinem Ergebnis. 1841 erließ der Deutsche Bund ein Preisausschreiben für die Konstruktion einer elektrischen Lokomotive. Ein Erfolg konnte hier ebenfalls nicht erzielt werden, weil die geeignete Antriebsmaschine noch fehlte. Erst die Dynamo schuf auch hier eine fördernde Möglichkeit.

Im Jahre 1879 fand in Berlin eine Gewerbeausstellung statt. Werner Siemens, der möglichst schnell das hochinteressante Zusammenarbeiten einer primären mit einer sekundären Dynamomaschine zeigen wollte, benutzte die Anlage, die er eigentlich für die Braunkohlengrube in Kottbus gebaut hatte, dazu, um auf dem Ausstellungsgelände eine elektrische Bahn einzurichten. Es wurde ein in sich geschlossenes ovales

Gleis von 600 Metern Länge hergerichtet. Darauf verkehrte ein Zug, der aus drei offenen Wagen bestand; auf jedem von ihnen fanden acht Personen Platz. Zum Antrieb wurde eine kleine vierrädrige elektrische Lokomotive benutzt, die nur aus dem Fahrgestell und dem darauf liegenden Elektromotor bestand. Auf dessen Rücken befand sich der gleichfalls offene Führersitz.

Die erste elektrische Eisenbahn auf der Berliner Gewerbeausstellung 1879

Die Bahn fuhr mit einer Stundengeschwindigkeit von 24 Kilometern. Der Strom wurde mittels Schleiffedern von einer mittleren Schiene abgenommen. Die Fahrschienen dienten als Rückleitung.

Der kleine elektrische Zug lief ganz vorzüglich. Aber selbst in Fachkreisen erkannte man die Wichtigkeit dieses Versuchs nicht. Die Zeitschrift »Der Techniker« schrieb im Jahre 1880 am Schluß ihrer Schilderung der Siemensschen elektrischen Bahn: »Als ausgeführtes Beispiel der Umwandlung von mechanischer Kraft in elektrische und zurück in mechanische Kraft war die elektrische Eisenbahn interessant, wenn wir auch sonst vorderhand noch keinen weittragenden Nutzen ersehen.«

Und dieses Urteil wurde ausgesprochen, obgleich die Bahn in der Zeit vom 31. Mai bis zum 30. September 1879 86398 Fahrgäste befördert hatte.

Werner Siemens dachte jedoch mit seinem weit vorausschauenden Geist ganz anders über die Zukunft dieser seiner Schöpfung. Er wollte sie sofort auf das gründlichste in einer umfangreichen Anlage ausnutzen. Schon im Jahre 1880 reichte er den Entwurf für eine große *Hochbahnlinie in Berlin* ein.

In Ney York waren damals gerade die ersten Hochbahnen in Betrieb genommen worden, weil es dort nicht mehr möglich war, den gesamten Verkehr durch Bahnen in Straßenhöhe zu bewältigen. Die Züge wurden auf den Viadukten von Dampflokomotiven gezogen. Werner Siemens sah klar ein, daß der elektrische Antrieb innerhalb einer Stadt große Vorteile bieten mußte, weil die Belästigung der Straßenanwohner durch den Rauch und der Passanten durch herabtropfendes Wasser sowie das puffende Geräusch des ausgestoßenen Dampfs hier fortfallen mußten. In einem Vortrag, den er am 27. Januar 1880 im Elektrotechnischen Verein zu Berlin hielt, sagte er:

»Meinerseits halte ich es für eine Großstadt für eine absolute Notwendigkeit, außer den Straßenflächen für die Wagen und Fußgänger noch eine zweite Kommunikationsetage für den schnellen Verkehr zu haben. Sie sehen, wie mit dem steigenden Verkehr sich unsere belebteren Straßen schon jetzt täglich mehr verstopfen; es ist oft kaum mehr durchzukommen, und kein Konstabler kann das ändern. Wie soll das werden nach 10, 20, 50 Jahren!

»Die Statistik über die Zunahme des Verkehrs berechtigt uns, mit der vollsten Bestimmtheit zu sagen, daß die Straßenfläche demselben schon in der nächsten Zeit nicht mehr genügen kann. Eine Abhilfe muß gefunden werden, wenn das auf wachsenden Verkehr sich gründende großstädtische Leben nicht verkümmern und die weitere Entwicklung der Reichshauptstadt nicht vollständig gehemmt werden soll.

»Es muß also notwendig für Berlin ein neues Kommunikationsnetz für schnellen Personen- und Güterverkehr geschaffen werden, welches den Straßenverkehr nicht hindert und durch ihn nicht gehindert wird ...

»Berlin ist die Geburtsstätte der dynamo-elektrischen Maschine und der elektrischen Eisenbahn – es sollte daher auch der Welt mit der Anlage eines Systems elektrischer Hochbahnen vorangehen, dem es sich auf die Dauer doch nicht wird entziehen können! Ich bitte Sie, meine Herren, zur Realisierung dieses Vorschlages mitzuwirken!«

Elektrische Hochbahn durch die Friedrichstraße nach dem Vorschlag von Werner Siemens aus dem Jahre 1880 (Aufnahme nach einem Modell)

Er empfahl nun, die Stadtbahn, die damals gerade gebaut wurde, durch ein Netz von nordsüdlich gerichteten, elektrisch betriebenen Radiallinien auf eisernen Viadukten zu ergänzen. Die erste und Hauptlinie sollte durch die *Friedrichstraße* hindurchgeführt werden. Hier sollten an den Bordschwellen auf beiden Seiten der Straße eiserne Säulen errichtet werden, die eine schmale Fahrbahn, nicht breiter als das Gleis selbst, tragen sollten. Siemens drückte sich sehr optimistisch über die Geringfügigkeit des Geräuschs aus, das die fahrenden Züge entwickeln würden, und befürchtete auch keine besondere Verunstaltung der Straßen.

Aber das Projekt scheiterte an dem Widerspruch der Hausbesitzer. Der Kaiser legte gleichfalls sein Veto ein, insbesondere, weil die Hochbahnkreuzung die Straße Unter den Linden, diese historische *Via triumphalis*, für immer verunstaltet hätte.

Der Plan blieb unausgeführt, und erst im Jahre 1896 begann man in Berlin mit dem Bau von Schnellbahnen. Es war die Firma Siemens & Halske, die damals die erste Hochbahnlinie im Osten der Stadt anlegte. 1902 wurde sie eröffnet, und daran schloß sich der bekannte rasche Ausbau des Berliner Schnellbahnnetzes über und unter der Erde.

Die heutige Berliner Schnellbahn; Hochbahnstrecke am Halleschen Tor

Dem damaligen Stand der Technik entsprechend, war Werner Siemens der Meinung gewesen, daß in dem höchst ungeeigneten Boden von Berlin Untergrundbahnen niemals würden angelegt werden können. »Sehen wir auf Berlin«, sagte er, »so müssen wir sagen, unsere Urväter, die Fischer, die in den Dörfern Berlin und Kölln lebten, haben insofern eine schlechte Wahl getroffen, als sie sich an einem Platz niedergelassen haben, wo der Grundwasserstand sehr hoch liegt. Ein paar Fuß unter der Erde stoßen wir auf Grundwasser. An einem solchen Orte sollte eigentlich keine große Stadt angelegt werden; man sollte eine solche immer in einer solchen Höhe anlegen, daß ein gutes unterirdisches Kommunikationsnetz sich schaffen ließe. Könnten wir das, so wäre alle Not vorüber, und Berlin könnte sich unbehindert weiter entwickeln. Das ist uns aber abgeschnitten; kein Baumeister wird so kühn sein und im Grundwasser ein Eisenbahnnetz ausführen wollen durch Bauten wie der Themsetunnel; das würde unermeßliche Kosten machen und doch nicht vollständig durchführbar sein.« Hier hat sich der große Mann über die Zukunftsmöglichkeiten getäuscht.

Damals machte Werner Siemens gleich noch einen zweiten Vorschlag für die Anwendung des Elektromotors im Bahnbetrieb. Auch für diesen ist erst die heutige Zeit reif geworden. Er wollte schmale, niedrige Tunnel neben den Eisenbahnlinien herrichten, in denen die Post auf kleinen elektrisch angetriebenen Wägelchen ihre Sendungen unabhängig von der Bahn befördern sollte. Die Post würde dadurch vom Zugverkehr unabhängig geworden sein, und es wäre ein häufigerer Austausch von Briefen zwischen den verschiedenen Orten möglich geworden. Heute besteht in der Tat der bereits ziemlich greifbar gewordene Plan, solche Posttunnel für elektrischen Betrieb unter dem Berliner Pflaster einzurichten. Vermutlich werden die ersten Linien in nicht allzu ferner Zeit gebaut werden.

Die Möglichkeit, die erste elektrische Bahn für praktischen Betrieb innerhalb Berlins zu erbauen, war Werner Siemens also genommen. Er stand deshalb jedoch nicht davon ab, einen Versuch mit der neuen Einrichtung, wenn auch in kleinerem Maßstab, zu machen.

Am 12. Mai 1881 wurde die erste elektrische Bahn auf der Erde eröffnet, die dem öffentlichen Verkehr diente. Die Linie führte von der Hauptkadettenanstalt in Lichterfelde nach dem Bahnhof der Anhaltischen Bahn in diesem Ort. Auch diesmal fehlte es nicht an ironischem Spott kurzsichtiger Leute. Eine Zeitschrift schrieb, der einzige Zweck dieser merkwürdigen Bahnanlage sei, die künftigen preußischen Feldmarschälle durch den märkischen Sand zu fahren. Daß sie die Urzelle einer unabsehbaren Entwicklung sein würde, sah der überlegen denkende Verfasser nicht.

Die Linie war auf einem eigenen Bahnkörper geführt. Zur Hin- und Rückleitung des Stroms diente je eine der Fahrschienen. Sie waren ohne weitere Isolierung auf hölzernen Querschwellen verlegt, obgleich die Spannung des Stroms 180 Volt betrug. Der Motor war bei dieser Bahn bereits unter dem Wagenkasten aufgehängt, die Kraft wurde von der Motorwelle durch Spiralschnüre auf beide Radachsen übertragen. An den Wochentagen wurde die Linie nicht sehr stark in Anspruch genommen, aber am Sonntag hatte sie einen sehr lebhaften Verkehr, weil die Berliner neugierig hinausströmten, um auch einmal eine Fahrt auf diesem abenteuerlichen Verkehrsmittel, in diesem »Wagen ohne Pferde« zu machen.

In demselben Jahr noch wurde ein bedeutender Fortschritt auf dem Gebiet der elektrischen Bahnen getan. Siemens erbaute eine solche Bahn auch auf der Weltausstellung in Paris, und hier kam zum erstenmal die *oberirdische Stromzuführung* in Anwendung.

Durch diese Anordnung erst wurde es möglich, die elektrisch angetriebenen Bahnen auch über öffentliche Straßen zu führen. Denn nun bestand nicht mehr die Gefahr, daß Menschen oder Tiere dadurch verletzt werden könnten, daß sie bei gleichzeitiger Berührung von zwei stromführenden Schienen in die Spannung gerieten. Jene erste »Oberleitung« hatte eine recht schwerfällige Form. Sie bestand nämlich aus einem unten aufgeschlitzten Rohr, in das ein Kontaktstück eingelegt war. Dieses wurde vom Wagen nachgezogen.

Die erste elektrische Straßenbahn in Berlin-Charlottenburg

Als im nächsten Jahr Groß-Berlin durch Siemens & Halske seine erste elektrische Straßenbahn erhielt – es war dies die Linie Charlottenburg-Spandauer Berg – war die oberirdische Leitungsführung wieder geändert. Man hatte hier zur Seite der eingleisigen Bahn an Telegraphenstangen zwei starke Kupferdrahtseile nebeneinander aufgehängt. Auf diesen Seilen lief ein kleiner vierrädriger Wagen; von diesem führte eine biegsame Doppelleitung zum Dach des Wagens hinunter, der an diesen Leitungen zugleich den Kontaktwagen hinter sich herzog.

Beide Oberleitungsarten wirkten sehr unschön. Sie verunstalteten die Straßen erheblich und sind die Ursache gewesen, daß die Weiterentwicklung der elektrischen Bahnen trotz einzelner weiterer Versuche in Europa sehr bald ins Stocken geriet. Amerika nahm sich dieses Verkehrsmittels jedoch sehr energisch an, und hier wurde zum erstenmal die Stromabnahme durch einen schräg gestellten Arm mit Kontaktrolle eingeführt. Erst viele Jahre später begann man, unter der Führung Emil Rathenaus, die elektrischen Bahnen in ihrem Ursprungsland weiter auszubauen, obgleich Werner Siemens schon im Jahre 1887 den Gleitbügel erfunden hatte.

Von ihm wurde auch die erste Grubenbahn in dem Bergwerk Zauckerode erbaut, und seine Firma führte im Jahre 1889 die erste Straßenbahn mit unterirdischer Stromzuführung in Budapest aus.

Welche Bedeutung die elektrischen Bahnen, deren Urheber Werner Siemens ist, heute erlangt haben, ist bekannt. Der Nutzen der Straßenbahnen beschränkt sich aber nicht darauf, daß sie eine schnellere Beförderung als die Pferdebahnen ermöglichen, sondern sie üben auch auf den Ausbau der Weltstädte, ihre Wohnungsverhältnisse, die Gesundheit ihrer Einwohner einen außerordentlich fördernden und bessernden Einfluß aus. Niemals hätten die Weltstädte ihre Straßen über ein so weites Gebiet erstrecken können, wenn nicht die bequeme und schnelle Beförderung nach dem Mittelpunkt durch die elektrischen Bahnen möglich gewesen wäre. Das billige und schnelle Verkehrsmittel gestattet auch den Minderbemittelten ein Wohnen in luftigen Außenbezirken, weitab von ihrem Arbeitsort. Die volkshygienisch so wichtige Gartenstadtbewegung hängt eng mit dem Ausbau der elektrischen Bahnen zusammen.

Ein moderner Berliner Straßenbahnwagen

Diese beschränken sich heute schon nicht mehr auf den Kleinverkehr in den Straßen, sondern die elektrische Lokomotive hat sich jetzt bereits auch die Fernbahnen erobert. In allen Ländern, auch in Preußen, sind ausgedehnte Versuche mit elektrischer Zugförderung auf großen Fernbahnstrecken gemacht worden, und man kann heute schon sagen, daß der elektrische Betrieb ökonomisch und technisch dem Dampfbetrieb auch auf großen Linien überlegen ist. Länder, die reich an Wasserkräften sind, wie Schweden und die Schweiz, bauen in größerem Maßstab ihr Bahnsystem für elektrischen Antrieb um, weil sie auf diese Weise die billig zur Verfügung stehende Naturkraft des fallenden Wassers ausnutzen können.

Im Jahre 1906 wurde durch einen epochalen Versuch gezeigt, daß mit elektrischem Antrieb Fahrgeschwindigkeiten erreicht werden können, welche die Dampflokomotive nicht zu leisten vermag. Damals taten sich die führenden elektrischen Firmen Deutschlands, Siemens & Halske und die Allgemeine Elektricitäts-Gesellschaft, zu *Schnellfahrversuchen* zusammen, für welche die Verwaltung der preußischen Staatsbahnen die Strecke Marienfelde-Zossen zur Verfügung gestellt hatte. Es wurden hier Geschwindigkeiten von über *200 Kilometern in der Stunde* erreicht und damit bewiesen, daß der Elektromotor fähig ist, Züge mit einer so außerordentlichen Schnelligkeit über die Strecke zu befördern. Das Ergebnis dieses Versuchs ist bis heute noch nicht praktisch ausgenutzt worden, aber es schlummern in ihm große Zukunftsmöglichkeiten.

Elektrischer Vollbahnzug (Schwedische Eisenbahn Kiruna-Riksgränsen)

Sobald das Verkehrsbedürfnis es erfordern wird, dürften besondere, mit nur sehr schwachen Krümmungen versehene Strecken erbaut werden, und auf ihnen wird ein Zugverkehr mit dem Doppelten der heute üblichen Schnellzugsgeschwindigkeit stattfinden können. Die großen Verkehrszentren werden dann einander außerordentlich viel näher rücken.

Elektrisches Licht

Der Erfinder der Dynamomaschine hat selbstverständlich neben dem Ausbau der elektrischen Bahn auch einem anderen Nutzungsbereich der Elektrizität seine besondere Aufmerksamkeit zugewendet, der zu jener Zeit schon bis zu einem gewissen Grad angebaut war.

Es wurde bei der Darstellung der Vorgeschichte der Dynamomaschine bereits erwähnt, daß mit Hilfe von magnet-elektrischen Maschinen elektrische Beleuchtungsanlagen für Leuchttürme geschaffen worden sind. Die außerordentliche Helligkeit des elektrischen Lichtbogens, die bis zum heutigen Tag unübertroffen ist, zog eben schon früh die Aufmerksamkeit der technischen Welt auf sich. Die elektrischen Leuchtturmfeuer leisteten auch recht gute Dienste, da die in jener Zeit vorhandenen Hilfsmittel gerade die hier gewünschte Konzentration einer großen Energiemenge zur Erzeugung eines einzigen Lichtpunkts sehr begünstigten.

Aber es war damals noch nicht daran zu denken, daß das elektrische Licht den normalen Beleuchtungseinrichtungen, dem Petroleumbrenner etwa oder dem Gaslicht, Konkurrenz machen könnte, denn ihm fehlte eine wichtige Eigenschaft: die »Teilbarkeit«. Man konnte von einer Maschine aus immer nur eine einzige Leuchtquelle betreiben. Werner Siemens war es vorbehalten, auch hier einen neuen Weg zu eröffnen und damit die moderne Ära der elektrischen Beleuchtung einzuleiten.

Der erste Scheinwerfer, der Strom von einer Dynamomaschine erhielt

Die Leuchtkraft des elektrischen Lichts wurde zum erstenmal im Jahre 1808 von Humphrey *Davy* einem staunenden Auditorium mit blendender Klarheit gezeigt. Zwar hatte man schon früher die leuchtenden Funken überspringen gesehen, aber die Dauer dieser Lichterscheinung war stets außerordentlich kurz gewesen. Davy erzeugte nun mit Hilfe einer riesenhaften Voltaschen Säule, wie man sie bis dahin noch nicht aufgebaut hatte, einen dauernden Lichtbogen, indem er zwei Kohlenstäbe, die in die Leitung eingeschaltet waren und sich berührten, ein wenig voneinander entfernte.

Als man dann später zur Erzeugung kräftiger Ströme nicht mehr auf Voltasäulen und galvanische Batterien angewiesen war, sondern die magnet-elektrischen Maschinen zur Verfügung hatte, benutzte man den Lichtbogen für die Erzeugung eines Lichts von unerhörter Intensität.

So lagen die Dinge noch, als Werner Siemens die Dynamomaschine erfand. Die ersten elektrischen Lampen, die durch diese Maschinen gespeist wurden, gehörten gleichfalls zu der unteilbaren Gattung.

Man hatte jedoch den dringenden Wunsch, diese glänzende Erscheinung, die sich für Leuchttürme und Scheinwerfer vorzüglich eignete, in ihrer Intensität dadurch zu mindern, daß man in den Maschinenstrom mehrere Lampen zugleich schaltete.

Die erste Möglichkeit hierfür bot die Erfindung eines Russen, die Jablochkoff-Kerze, mit der im Jahre 1876 die Avenue de l'Opéra in Paris zum erstenmal beleuchtet wurde. Man vermochte vier bis fünf Jablochkoff-Kerzen in denselben Stromkreis zu schalten und hatte damit schon einen recht achtbaren Schritt vorwärts getan. Die Lampen bestanden aus zwei parallel nebeneinander liegenden Kohlenstiften, die durch eine Gipsschicht getrennt waren. Vor der Benutzung waren die Kohlenstifte durch ein quer darüber gelegtes Stückchen Graphit verbunden. Beim Einschalten des Stroms verbrannte der Graphit in kurzer Zeit, und nun entzündete sich von selbst der Lichtbogen zwischen den Kohlenspitzen. Erlosch aber einmal eine der Lampen, was bei der Ungleichmäßigkeit der Kohlen nicht gar zu selten vorkam, so konnte dieselbe Kerze nur durch höchst umständliche Manipulationen wieder entzündet werden. Und zugleich verursachte das Verlöschen der einen Lampe das Ausgehen aller anderen, die sich in demselben Stromkreis befanden. Zur weiteren Verbreitung, zur allgemeinen Straßenbeleuchtung etwa oder zur Erhellung von Fabrikhöfen, war das elektrische Licht also auch in diesem Zustand noch nicht geeignet.

In dem für die Elektrotechnik so wichtigen Jahr 1879, das die elektrische Bahn brachte, wurde die damals neu entstandene Kaiser-Galerie in Berlin, die bekannte Passage zwischen der Straße Unter den Linden und der Friedrichstraße, zum erstenmal durch eine neue Bogenlampenart erleuchtet. Von diesen Lichtspendern konnte man so viel in dieselbe Leitung schalten, wie die von der Maschine gelieferte Energie zu speisen vermochte; sie entzündeten sich, falls die Lichtbogen aus irgendeinem Grund einmal momentan zum Erlöschen gebracht wurden, sofort selbsttätig von neuem, und das Erlöschen blieb immer nur auf die eine gerade in Unordnung geratene Lampe beschränkt, keine andere wurde dadurch in Mitleidenschaft gezogen.

Moderner Riesenscheinwerfer der Siemens-Schuckert-Werke mit Fernsteuerung

In der Kaiser-Galerie brannten damals zum erstenmal die *Differential-Bogenlampen*, deren Grundidee Werner Siemens ersonnen hatte. Die Konstruktion war dann von Hefner-Alteneck, der bereits als Erfinder des Trommelankers erwähnt wurde, ausgeführt und in hervorragender

Weise durchgebildet worden. Bei diesen Lampen wurde durch die Anbringung einer Selbstregulierung mittels Haupt- und Nebenstroms erreicht, daß die Kohlenenden bei eingeschaltetem Strom immer einen solchen Abstand voneinander einnehmen mußten, daß der Lichtbogen sich stets in richtiger Weise bilden konnte. Die Bogenlampen mit Differentialregulierung sind jahrzehntelang der Grundpfeiler der elektrischen Beleuchtung gewesen. Erst als die Glühlampen in der Form, wie wir sie von Edisons Hand empfingen, eine viel weitere Teilung des elektrischen Lichts ermöglichten, hat die elektrische Beleuchtung einen zweiten erfolgreichen Weg zu wandeln begonnen.

Parerga

Mit der Darstellung der Meisterleistungen, der Errichtung des Grundbaus für die Land- und Unterseetelegraphie, der Erfindung der Dynamomaschine, der Einrichtung der ersten elektrischen Bahnen und der ersten modernen elektrischen Beleuchtung, ist der Rahmen, der das Bild des Schaffens von Werner Siemens umschließt, noch nicht ausgefüllt. Dieser universelle Geist durchschweifte alle Höhen und Tiefen der Technik; er unterwarf das Kleine wie das Große einer scharfen Musterung, und allerorten bot sich ihm Gelegenheit, fördernd einzugreifen. Die Blumen, die an dem von Werner Siemens durch Jahrzehnte abgeschrittenen Ideenpfad bescheiden zur Seite stehen, würden genügen, um den Erfindungsgarten vieler anderer prächtig zu schmücken.

Es genügt, die kleineren, aber oft gleichfalls sehr bedeutungsvollen Erfindungen, die er gemacht hat, nur kurz aufzuzählen, um den quellenden Gedankenreichtum anzudeuten, den die Natur in den Geist dieses Manns eingesenkt hatte. Man glaubt einen übersprudelnden Wildbach vor sich zu sehen, nimmt aber bei genauem Studium wahr, daß hier ein wohlgeregelter Wasserlauf fließt, daß keine dieser Erfindungen plötzlich und wurzellos hervorgebrochen ist, sondern daß jede von ihnen nur der körperliche Ausdruck, das letzte Glied einer langen, wissenschaftlichen Überlegungsreihe oder der Weiterausbau einer schon früher als aussichtsreich erkannten Ideenkette ist.

So führte die erste elektrische Bahn Siemens dazu, den *ersten elektrisch angetriebenen Fahrstuhl* zu ersinnen. Ist diese Vorrichtung doch nichts anderes, als eine aus der Wagerechten ins Senkrechte gewendete Bahn.

Dieser erste elektrische Fahrstuhl diente dazu, die staunenden Besucher in der Industrieausstellung zu Mannheim im Jahre 1880 auf einen Aussichtsturm zu befördern. Bis dahin hatte man nur hydraulisch betriebene Aufzüge gekannt. Die Anwendung des Elektromotors für diesen Zweck bedeutete eine sehr große Vereinfachung der Anlage. Dieser Fahrstuhl ist als die erste elektrisch betriebene Hebemaschine überhaupt zu betrachten, wodurch er an den Anfang einer außerordentlich wichtigen Entwicklungsreihe tritt. Die elektrischen Krane leisten ja heute allerorten in weitestem Maß unersetzliche Dienste.

Die Konstruktion dieses ersten Siemensschen Fahrstuhls weicht sehr weit von den heute üblichen Bauarten ab; wir verwenden heute fast ausschließlich Seile, die sich auf eine Trommel wickeln, zum Heben der Fahrkammer. Der Mannheimer Aufzug war nach dem Kletterprinzip gebaut. Man hatte in dem Schacht eine senkrecht hinaufführende Zahnstange errichtet, die man auch als eine eiserne Leiter mit geringem Sprossenabstand ansehen kann. Von beiden Seiten griffen in die Leitersprossen kleine, vom Elektromotor angetriebene Zahnräder ein, und sobald diese gedreht wurden, kletterte der Aufzug gewissermaßen an der Leiter empor. Der Antriebsmotor war an der Fahrkammer selbst angebracht, er machte also deren Bewegungen mit. Um ein Abstürzen zu verhüten, geschah die Übertragung der Kraft vom Motor zu den Zahnrädern mit Hilfe einer Schnecke, die ja ein selbstsperrendes Getriebe ist. Wenn die Schnecke beim Ausbleiben des Stroms stehen blieb, konnte der Fahrstuhl nicht hinunterrutschen, weil die Zahnräder dann keine Bewegung zu machen vermochten.

Bald machte Werner Siemens auch den Vorschlag, den Elektromotor, der immer noch sekundäre Dynamomaschine hieß, für die Landwirtschaft dienstbar zu machen. Er konstruierte den ersten *elektrischen Pflug*. Mit den damaligen, durch Dampfkraft angetriebenen Pflügen war man nur imstande, vollkommen ebene Felder abzupflügen und konnte nur gerade, parallel zueinander stehende Furchen ziehen. Für die Anwendung der Maschinenpflüge war also Bedingung, daß die Felder flach und rechteckig geschnitten waren. Werner Siemens setzte nun seinen Motor auf den Pflug selbst und gewann auf diese Weise volle Bewegungsfreiheit, da die Verbindung mit der stromgebenden Maschine durch eine biegsame Leitung stattfinden konnte, die jeder wie immer gearteten Bewegung zu folgen vermochte.

Eine hübsche Anwendung der Elektrizität als Bewegungskraft brachte der *elektrische Hammer*. Es wurde die Fähigkeit einer stromdurchflossenen Spule ausgenutzt, einen Eisenstab bei Schließung des Stroms kräftig in sich hineinzuziehen. Durch Anwendung von Wechselstrom und Einbau zweier Spulen, die abwechselnd auf einen magnetisierten Stab einwirkten, wurde eine rasch hin und her gehende Bewegung erzielt. Die kräftigen Schläge wurden bald dazu benutzt, um Gesteinsbohrmaschinen zu bauen. Sie hatten durch eine vom Erfinder angegebene weitere Anordnung die Fähigkeit, den Stößel von selbst, entsprechend der wachsenden Vertiefung des Lochs, vorrücken zu lassen, so daß er immer gegen das Gestein schlug.

Sehr interessant ist die Anordnung, die Siemens angegeben hat, um eine *Fernsteuerung von Schiffen* zu bewirken. Man kannte damals die selbstlaufenden Torpedos, die wir heute so reichlich benutzen, noch nicht. Um ein Torpedo an ein feindliches Schiff heranzubringen, wurde es vielmehr mit langen Spieren an einem Boot befestigt, das eine Antriebsmaschine besaß. Es war nun natürlich nicht gerade angenehm, dieses Boot mit seiner gefährlichen Beigabe an das feindliche Schiff heranzufahren. Siemens brachte darum auf dem »Torpedoboot« – das Wort hatte damals eine andere Bedeutung als heute – eine elektromagnetische Einrichtung an, mit deren Hilfe man das Steuer von fernher bewegen konnte, so daß nun eine Bemannung nicht mehr nötig war. Ein Querbalken, der an der Pinne des Steuerruders befestigt war, konnte mit Hilfe von zwei Magneten, die auf seine Enden einwirkten, bewegt werden. Je nachdem man den einen oder den anderen Magnet einschaltete, fand ein Umlegen des Ruders statt. Durch eine abrollende isolierte Doppelleitung mußte das Boot natürlich mit seinem Mutterschiff in Verbindung bleiben, auf dem die nötigen Schaltungen und damit die Beeinflussungen der beiden Steuermagnete vorgenommen wurden.

Indem er diese Konstruktion weiter bildete, kam Siemens dann zu einer Einrichtung, die es ermöglichte, daß ein *unbemanntes Schiff sich selbst stets so steuerte*, daß es genau in einer einmal vorgeschriebenen Richtung fuhr. Als Steuermann wurde hierbei eine Magnetnadel benutzt, die ja immer unbeirrt in derselben Richtung, nämlich nach dem magnetischen Nordpol, zeigt. Durch eine Einstellvorrichtung wurde bewirkt, daß das Steuer nur dann in Ruhe blieb, wenn das Schiff in einer Richtung fuhr, die einen ganz bestimmten Winkel zu der magnetischen Nordsüdrichtung bildete. Wich das Schiff von dieser Richtung ab, so bekam entweder der eine oder der andere der Magnete, die den Querbalken des Steuerruders beherrschten, Strom, bis die festgelegte Fahrtrichtung wieder eingehalten wurde. Es kam also hier derselbe Gedanke in Anwendung, den wir heute bei unseren selbstlaufenden Torpedos benutzen, nur daß bei diesen der unbeirrbare Steuermann nicht eine Magnetnadel, sondern ein sehr schnell rotierender Kreisel ist, dessen Achse sich gleichfalls nicht aus der einmal angenommenen Richtung bringen läßt.

Eine von Siemens weiter ersonnene Einrichtung gab Gelegenheit, den *Stand des Wassers* in Sammeltürmen oder anderen Behältern *von fernher*, insbesondere also in der Pumpstation, zu erkennen. Durch das im Behälter auf und nieder gehende Wasser wurde ein Schwimmer bewegt. Dieser betätigte einen Mechanismus, der von Zeit zu Zeit, wenn der Stand des Wasserspiegels sich um eine bestimmte Größe verändert hatte, einen Strom durch die Leitung nach dem Maschinenhaus schickte. Dadurch wurde ein elektrischer Zeiger bald vorwärts, bald rückwärts über eine Skala bewegt, so daß man auf dieser die Höhe des Wasserstands stets ablesen konnte. Wasserstandsfernmelder sind später von diesem Ursprung her in zahlreichen Arten konstruiert worden, und sie bilden heute unentbehrliche Bestandteile jeder großen Wasseranlage.

Man kann Elektrizität nicht nur durch Reibung, durch Magnetismus und durch Induktion, sondern noch auf eine vierte Weise, nämlich durch Wärme, erzeugen. Lötet man zwei Stäbe aus verschiedenen Metallen, etwa Neusilber und Eisen, mit beiden Enden zusammen und erwärmt die eine Lötstelle, so fließt durch den metallenen Kreis ein Strom. Siemens baute eine riesige *Thermosäule* aus 2500 einseitig verlöteten Neusilber-Eisen-Elementen auf, deren Lötstellen in einem Rohr untergebracht waren. Die anderen nicht zusammengelöteten Enden waren durch Drähte verbunden, und diese führten alle zu einer gemeinschaftlichen Leitung, in die ein passendes Instrument eingeschaltet war. Erwärmte man die Lötstellen durch Leuchtgas, so wurde durch die entstehende Thermo-Elektrizität schon nach einer Minute eine Glocke zum Tönen gebracht. Es war dies die erste Thermosäule, die so kräftig wirkte, daß durch sie eine merkbare elektromotorische Kraft erzeugt wurde.

Willougby Smith hatte entdeckt, daß das *Selen* seine elektrische Leitfähigkeit mit wechselnder Belichtung ändert. Siemens brachte das Selen durch Umschmelzen in sehr hoher Temperatur in eine Form, die gestattete, mit Hilfe der sich bei Belichtung ändernden Leitfähigkeit die Stärke von Lichtquellen zu messen. Bis dahin besaß man in der Photometrie nur die Möglichkeit, die Stärke einer Lichtquelle dadurch zu bestimmen, daß man sie mit einer anderen verglich. Das Siemenssche Selen-Photometer gestattete die direkte Feststellung der Lichtstärke durch Widerstandsmessung, was sehr viel genauere Resultate lieferte. Man war dadurch auch in der Lage, die Leuchtstärke verschiedenfarbiger Lichtquellen miteinander zu vergleichen.

Die durch *schlagende Wetter* in Bergwerken auch damals schon nicht allzu selten hervorgerufenen Katastrophen hatten Siemens' warmherziges Empfinden auf sich gelenkt. Er begnügte sich jedoch nicht mit dem bloßen Mitleid für die armen Bergarbeiter, sondern sann über ein Mittel nach, solche Unglücksfälle zu verhindern. Er fand, daß Platinmoor erwärmt wurde, sobald eine gewisse Menge Grubengas in seiner Nähe vorhanden war. Es findet dann eine langsame, nicht sichtbare Verbrennung des Grubengases statt. Diese Tatsache benutzte er, um die Lötstellen von Thermo-Elementen erwärmen zu lassen. Hatte sich in einer Grube eine gewisse Menge des gefährlichen Gases angesammelt, das bei Entzündung die Ursache der schlagenden Wetter ist, dann begannen die an den Lötstellen mit Platinmoor belegten Thermoelemente Strom durch die Leitung zu schicken, die nach oben führte, und die Zeiger feiner Instrumente, die an bestimmten Beobachtungsstellen über Tag aufgestellt waren, begannen auszuschlagen oder auch akustische Zeichen auszulösen. Die Hoffnungen, die man auf diese Einrichtung damals setzte, haben sich allerdings nicht in vollem Maß erfüllt. Noch heute besitzen wir kein unbedingt zuverlässiges Anzeigemittel für Grubengas.

Die Firma Siemens & Halske hat im Jahre 1866 die *erste Rohrpostanlage in Berlin* gebaut. Sie führte vom Haupttelegraphenamt zur Börse und diente der raschen Beförderung von Telegrammen innerhalb der Stadt. Werner Siemens selbst schuf die wissenschaftliche Grundlage für die Einrichtung, indem er die Bewegungsgesetze der Gase in Röhren studierte.

In Rußland war schon damals eine hohe Abgabe auf die Erzeugung von Spiritus gelegt. Um brauchbare Unterlagen für diese Besteuerung zu erhalten, wünschte man einen Apparat, der genau die Menge des durch ein Rohr strömenden Spiritus anzeigte und ferner auch die Menge des absoluten Alkohols angäbe, der darin enthalten war. Der von Siemens erfundene *Alkoholmeßapparat* macht die gewünschten Angaben ebenso genau, wie sie sonst nur durch die besten, sehr komplizierten Meßverfahren erzielt werden können. Eine sich drehende

Trommel stellt die durchströmende Flüssigkeitsmenge fest, und ein in der Flüssigkeit liegender Schwimmer, der sich entsprechend dem spezifischen Gewicht hebt und senkt, korrigiert die Anzeige gemäß der Menge des darin enthaltenen absoluten Alkohols.

Ein Apparat von ähnlicher Feinfühligkeit ist der *Elektrizitätszähler*. Die Konstruktion mit Zählantrieb durch einen Motor, dessen Bewegung durch eine Kupferscheibe und Magnetbeeinflussung geregelt wird, verdanken wir gleichfalls Werner Siemens. Strommesser dieser Art werden heute fast ausschließlich verwendet.

Die lange Zeit, welche in Parlamentssitzungen für die Abstimmungen gebraucht wird, verdroß den technischen Sinn von Werner Siemens. Im Jahre 1870 reichte er beim Präsidium des Preußischen Abgeordnetenhauses einen Vorschlag für einen *elektrischen Abstimmungsapparat* ein, der ermöglichen sollte, das Resultat der Abstimmungen in kürzester Zeit festzustellen. An jedem der Abgeordnetensitze sollte eine kleine Schaltvorrichtung angebracht werden, deren Hebel auf »Ja« oder »Nein« zu stellen war und bei Abwesenheit eines Abgeordneten oder bei Stimmenthaltung auch eine dritte Stellung einnehmen konnte. Sollte eine Abstimmung vor sich gehen, so war es nun nicht mehr notwendig, die Stimmzettel in einem langwierigen Vorgang einzusammeln, sondern jeder Abgeordnete legte seinen Hebel in die gewünschte Stellung, und ein Diener konnte durch rasches Drehen einer Kurbel die sämtlichen Ja und Nein in kaum einer Minute auf einem abrollenden Papierstreifen erscheinen lassen. Durch Nummernaufdruck auf dem Streifen war es auch möglich, zu erkennen, wie jeder einzelne Abgeordnete gestimmt hatte. Der Streifen konnte leicht vervielfältigt und so verschiedenen an der Abstimmung interessierten Personen übergeben werden. Es war auch eine Einrichtung hinzugefügt, die durch Niederlegen von Fallklappen jeden Abgeordneten auf seinem Platz erkennen lassen sollte, ob seine Abstimmung richtig registriert war. Damit die Schalter an den Plätzen nicht von Unbefugten benutzt werden könnten, war jeder von ihnen nur mit Hilfe eines bestimmten Schlüssels zu bewegen, der sich im Besitz des Platzinhabers befand. Zu einer Einführung dieses technisch sehr hübschen Apparats ist es nicht gekommen.

Schon in jener Zeit empfand man es als schwere Belästigung, daß in den Schornsteinen von Kesselfeuerungsanlagen sehr viele Rußteilchen durch den austretenden Rauch mitgerissen wurden. Siemens konstruierte, um dies zu verhindern, den *Spiraldeflektor*. Er setzte in das Rauchrohr eine Spirale aus Blech ein, durch welche die Rauchgase hindurchziehen mußten. Infolge der dadurch eintretenden zentrifugalen Bewegung wurden die schweren Rußteile tangential zur Seite geschleudert; sie fielen in einen Sammelbehälter hinunter, und nur die gereinigten Rauchgase konnten aus dem Schornstein austreten. Man benutzt diese Einrichtung noch heute zur Gewinnung des technisch viel verwendeten Rußes.

Für die Reinigung der Luft sowie zur Sterilisierung von Trinkwasser und zum Bleichen von Leinengarnen sowie Tuchen benutzen wir heute vielfach das Ozon. Es ist dies ein Gas, in dem nicht, wie in der Luft, zwei Sauerstoffatome, sondern drei miteinander verbunden sind. Dieses dritte Atom trennt sich jedoch sehr leicht von den anderen, und dadurch vermag das Ozon eine sehr starke oxydierende Wirkung auszuüben. Siemens erfand bereits im Jahre 1857 eine *Ozonröhre*, welche die Erzeugung dieses nützlichen Gases in vorzüglicher Weise gestattete. In etwas veränderter Form wird sie noch jetzt verwendet.

Siemens hat sich überhaupt schon frühzeitig mit elektrochemischen Studien beschäftigt. Er sah die große Bedeutung, die diese Anwendung des elektrischen Stroms einst haben würde, deutlich voraus. »Gerade auf diesem Gebiet«, so schrieb er, »wird der elektrische Strom voraussichtlich künftig die größten Erfolge aufzuweisen haben und auf ihm der Menschheit die größten Dienste leisten können.«

Im Jahre 1886 deutete er bereits auf einen erst in der letzten Zeit sehr wichtig gewordenen elektrochemischen Industriezweig hin. Er sagte damals voraus, daß wir »mit Hilfe mechanisch erzeugter Elektrizität imstande sein werden, gewerbsmäßig *Stickstoffverbindungen aus der Luft* herstellen zu können«. Wir wissen, daß diese Möglichkeit unsere Landwirtschaft während des Weltkriegs gerettet hat, als es nach Abschneidung der Zufuhr von natürlichem Salpeter aus Chile nur auf elektrischem Weg möglich war, die nötigen Düngemittel herzustellen. Mit seinem Freund, dem großen Chemiker A. v. Hofmann, hat Siemens auch selbst eingehende Versuche zur elektrischen Bindung des Stickstoffs aus der Luft gemacht.

Rechnet man zu den in diesem Abschnitt aufgezählten Erfindungen noch die anderen hinzu, die von Werner Siemens früher gemacht wurden, die galvanoplastische Herstellung von Gold- und Silberüberzügen, den Differenzregulator, den Zinkdruck, den anastatischen Druck, die haltbare Schießbaumwolle, die Messung von Geschoßgeschwindigkeiten mittels des elektrischen Funkens, so steht man einer erstaunlichen Fülle von fruchtbaren Gedanken gegenüber. Der Meister, welcher der Elektrotechnik ihre gewaltigsten Hilfsmittel schuf, hat sie auch in einer großen Anzahl von Nebengebieten auf das kräftigste gefördert. Er hat sich ferner erfolgreich um die Förderung anderer Zweige der Technik bemüht und steht so als ein Riese technischen Schaffens vor unseren Augen.

Wissenschaft

Wenn die wissenschaftlichen Arbeiten von Werner Siemens hier in einem besonderen Abschnitt behandelt werden, so geschieht die Trennung nur aus einem äußerlichen Grund, nämlich um das Überblicken seines so umfangreichen Lebenswerks zu erleichtern. Denn wie wir nun schon aus vielen Beispielen wissen, sind der Techniker und der Wissenschaftler in Werner Siemens nicht voneinander zu sondern. Entsprang doch fast eine jede seiner Erfindungen einer wissenschaftlichen Überlegung. Das ist es ja eben gewesen, was seinen Meisterleistungen die mächtige und nachhaltige Wirkungsmöglichkeit schaffte, ihnen den breiten Boden gab, auf dem sie zu so imponierender Höhe emporwachsen konnten.

Sehr häufig hat man bei der Lektüre Siemensscher Schriften oder Reden das deutliche Gefühl, daß nur ein unwiderstehlicher Drang ihn dazu trieb, seine wissenschaftlichen Erkenntnisse praktisch auszubeuten, daß er dies fast gegen seinen Willen getan hat. Immer von neuem klagt er, seine Berufstätigkeit habe ihm so wenig Zeit gelassen, eine rein wissenschaftliche Tätigkeit auszuüben. Den Wissensschatz nennt er einmal den einzig wahrhaften Schatz, den die Menschheit besitzt.

Und wiederum erkennt er selbst ganz genau, daß er seine Lebensarbeit als schaffender Techniker und nicht als abstrakter Gelehrter zu leisten habe. Als man ihn im Jahre 1874 als ordentliches Mitglied in die Preußische Akademie der Wissenschaften berief, sagte er in seiner Antrittsrede: »Ich bin nicht anmaßend genug, zu glauben, daß die rein wissenschaftlichen Leistungen, welche ich aufzuweisen habe, allein entscheidend hierfür (nämlich für die Berufung) gewesen sind.« Sein Freund Du Bois-Reymond, der ihm antwortete, stellte dann den Doppelcharakter von Werner Siemens, der ihn Wissenschaftler und Techniker zugleich sein ließ, vorzüglich in einem Satz zusammen, indem er sagte: »Daß du auf solcher Höhe als ein Fürst der Technik die Fäden unzähliger Kombinationen in der Hand haltend, hundert Pläne im Kopf wälzend, im Innersten der deutsche Gelehrte in des Wortes edelstem Sinne bliebst, als der du geboren bist, zu dem du nicht einmal erzogen wurdest; daß in jedem Augenblick, wo die Last der Geschäfte es dir erlaubte, du mit Liebe zum Phänomen, mit Treue zum Experiment, mit Unbefangenheit zur Theorie, genug, mit echter Begeisterung zur reinen Wissenschaft zurückkehrtest: das stempelte dich, von deinem Scharfsinn, deiner Erfindsamkeit, deiner Beobachtungsgabe zu schweigen, in unseren Augen zum Akademiker.«

In seiner Antrittsrede bei der Akademie gab Werner Siemens dann selbst eine kleine Übersicht über die wissenschaftlichen Leistungen, von denen er meinte, daß sie die Ursache zu seiner für einen praktisch schaffenden Techniker so besonders ehrenvollen Berufung gewesen seien. Er erwähnte die Methode der Messung großer Geschwindigkeiten durch den elektrischen Funken, die Auffindung der elektrostatischen Ladung telegraphischer Leitungen und ihre Gesetze, die Aufstellung von Methoden und Formeln für die Untersuchung unterirdischer und unterseeischer Leitungen sowie für die Bestimmung des Orts vorhandener Isolationsfehler, seine Experimentaluntersuchungen über die elektrostatische Induktion und die Verzögerung des elektrischen Stroms durch diese, die Aufstellung und Darstellung eines reproduzierbaren Grundmaßes für den elektrischen Leitungswiderstand, den Nachweis der Erwärmung des Dielektrikums des Kondensators durch plötzliche Entladung, die Auffindung und Begründung der dynamo-elektrischen Maschine. Er glaubte ferner anführen zu können, daß manche seiner technischen Leistungen nicht ohne wissenschaftlichen Wert gewesen seien, und nannte von diesen den Differenzregulator, die Herstellung isolierter Leitungen durch Umpressung mit Guttapercha, die Gegen-Doppel-Induktions- und automatischen Apparate für Telegraphie, die Ozonröhre und Meßinstrumente verschiedener Art.

Die meisten dieser Schöpfungen sind uns aus den vorhergehenden Ausführungen bereits bekannt. Aber einige der wissenschaftlichen Meisterleistungen von Werner Siemens haben wir hier doch noch näher zu besprechen.

Eine hervorragende Tat war die Schöpfung sorgfältiger *Meßinstrumente*. Wir entsinnen uns, daß Werner Siemens sich mit dem Mechaniker Halske insbesondere aus dem Grund verbündete, weil dieser ungewöhnlich feine Präzisionsarbeit zu leisten vermochte. Nach den von Siemens aufgestellten theoretischen Grundlagen hat Halske Galvanometer und Bussolen von einer solchen Feinheit entstehen lassen, wie sie bis dahin noch nicht bekannt waren. Die Instrumente sind auf der ganzen Erde für die elektrischen Messungen grundlegend geworden. Die Physiker in allen Ländern benutzen noch heute zu den genauesten Messungen Instrumente, die in ihrem Bau sich ganz genau an die ersten von Siemens & Halske geschaffenen anlehnen.

Im Jahre 1876 beschäftigte sich Werner Siemens in nachhaltiger Weise damit, die *Fortpflanzungsgeschwindigkeit der Elektrizität* festzustellen, über die man bis dahin nur sehr wenig verläßliche Zahlen besaß. Er stellte den Versuch so an, daß er den Zeitunterschied zwischen den Entladungen zweier Leydener Flaschen maß, von denen die eine durch Verbindung der Belegungen mittels eines kurzen Drahts, die andere durch eine sehr lange Leitung geschlossen werden konnte. Jede der beiden Entladungen rief einen Funken hervor, der wiederum, wie bei der Messung der Geschoßgeschwindigkeit, eine Marke in einen schnell rotierenden Stahlzylinder schlug. Für die praktische Anstellung des Versuchs wurde ein eiserner Telegraphendraht von 23372 Kilometern Länge benutzt, der zwischen Köpenick und Erkner an der damaligen Niederschlesisch-Märkischen Bahn entlang lief. Siemens fand die Fortpflanzungsgeschwindigkeit der Elektrizität zu 240000 Kilometern in der Sekunde. Nachdem Kirchhoff später gelehrt hatte, daß für eine widerstandsfreie Leitung eine um etwa ein Drittel höhere Geschwindigkeit angenommen werden müsse, ergab sich aus dieser Messung ziemlich genau, daß die Elektrizitätsgeschwindigkeit der des Lichts gleich ist, nämlich rund 300000 Kilometer in der Sekunde beträgt. Heute, wo wir die nahe Verwandtschaft zwischen Licht- und Elektrizitätsschwingungen kennen, wissen wir, daß diese Zahl richtig sein muß.

Grundlegend für das gesamte Meßwesen in der Elektrotechnik ist die von Werner Siemens geschaffene *Einheit für den Widerstand* geworden. Sowohl in der wissenschaftlichen Physik wie auch in der Technik ist die Feststellung des Widerstands von Stromleitern sehr häufig erforderlich. Wenn man aber ein Maß angeben soll, so braucht man eine genau festgelegte, jedem zugängliche Einheit, auf die man es beziehen kann. Die Wichtigkeit des Gegenstands war Ursache, daß schon in der Mitte des vorigen Jahrhunderts Versuche gemacht wurden, eine Einheit des Widerstands zu schaffen. Jacobi wollte hierfür einen Kupferdraht von bestimmter Länge und bestimmtem Querschnitt einführen. Aber es zeigte sich, daß der Widerstand eines solchen Drahts sich mit der Zeit ändert. Durch das Kopieren und immer wieder neue Kopieren des

Originaldrahts entstanden ferner immer größere Ungenauigkeiten. Die Grundeinheit muß aber selbstverständlich stets ganz genau und verhältnismäßig leicht hergestellt werden können. Der Jacobische Widerstands-Etalon war daher nicht brauchbar.

In dem von Wilhelm *Weber* entwickelten absoluten elektromagnetischen Maßsystem war zwar schon eine absolute Einheit für den Widerstand enthalten. Aber ihre Herstellung konnte, namentlich wegen der sehr geringen Größe dieser Einheit, stets nur mit großen Schwierigkeiten geschehen.

Siemens erkannte, daß ein *Quecksilberstab* sich am besten zur Herstellung der Widerstandseinheit eigne. Die Notwendigkeit, eine wirklich praktisch brauchbare Grundlage für diese Einheit zu schaffen, wurde ihm besonders deutlich, als er jene von uns schon erwähnte Fehlerbestimmung beim Kabel im Roten Meer durch Widerstandsmessung machte. Er schlug vor, eine Quecksilbersäule von einem Quadratmillimeter Querschnitt und einem Meter Länge bei einer Temperatur von 0 Grad als Einheit des Widerstands anzunehmen. Eine solche Quecksilbereinheit läßt sich in jedem Laboratorium mit großer Leichtigkeit herstellen; das Quecksilber kann immer wieder erneuert werden und ist darum keinen Veränderungen unterworfen. In der Tat wurde diese *Siemens-Einheit* als Grundlage für die elektrische Meßtechnik angenommen und hat über zwei Jahrzehnte als maßgebende Größe geherrscht. Der Internationale Elektrizitätskongreß in Paris beschloß dann freilich im Jahre 1881, die absoluten elektromagnetischen Einheiten, das sogenannte Zentimeter-Gramm-Sekunden-System, einzuführen. Werner Siemens hat es lebhaft bedauert, daß damit die Siemens-Einheit verschwand, aber er erlebte die Genugtuung, daß die neugeschaffene Einheit für den Widerstand, das »Ohm«, durch sein Verhältnis zur Siemens-Einheit definiert wurde. Ein »Ohm« ist nämlich = 1,06 S.E.

Inmitten seiner ausgedehnten Beschäftigung mit den wissenschaftlichen Grundlagen der Elektrotechnik und im Drang der immer weiter sich ausdehnenden Geschäfte fand Werner Siemens doch noch Zeit, mit deutscher Gelehrtengründlichkeit solche Probleme zu bearbeiten, die von seiner Lebensarbeit ziemlich weit ablagen. Wenn ihm auf seinen Reisen eine Erscheinung begegnete, die ihm nicht ohne weiteres verständlich war, so trieb ihn sein »Kausalitätsbedürfnis« unwiderstehlich dazu, sie zu erklären und durch Stellung auf einen wissenschaftlichen Boden dem eigenen Verständnis näherzuführen. Solche Beobachtungen und

Erklärungen führten ihn nicht selten dazu, sehr ausführliche Arbeiten darüber abzufassen, die so gründlich angelegt waren, daß er sie der Akademie der Wissenschaften in Berlin vorlegen konnte.

Als Siemens sich zur Auslegung des Kabels durch das Rote Meer nach dem Süden begab, durchreiste er auch Ägypten. In Kairo mußte er einige Tage Aufenthalt nehmen, da das Kabelschiff »Agamemnon« nicht zur rechten Zeit eintraf, das, weil der Suezkanal damals noch nicht eröffnet war, den Weg um das Kap der Guten Hoffnung machen mußte. Er benutzte die Muße zu einem Ausflug nach der Cheopspyramide.

Schon während des Eselritts dorthin erhob sich ein außergewöhnlich kalter Wüstenwind, der von einer eigentümlichen roten Färbung des Horizonts begleitet war. Nachdem sie an ihrem Ziel angekommen waren, wurden Siemens und seine Reisegefährten in der üblichen Weise von Beduinen über die hohen Steinstufen auf die Spitze der Pyramide hinaufbefördert. Als sie droben anlangten, war der Wind zu sturmartiger Stärke angewachsen, so daß sie sich auf der abgeplatteten Spitze kaum aufrecht halten konnten. Der Wüstenstaub hüllte die Spitze der Pyramide allmählich ganz ein.

Man vernahm dabei ein merkwürdig zischendes Geräusch, das, wie sich der sorgfältig beobachtende Werner Siemens alsbald sagte, nicht durch den Wind verursacht sein konnte. Als er einen Finger über seinen Kopf emporhob, entstand ein scharfer, singender Ton, wodurch ihm klar wurde, daß es sich nur um eine elektrische Erscheinung handeln konnte. Die Araber, die auf den nächsten Stufen kauerten, kannten die Erscheinung gleichfalls, denn sie hielten auch die ausgestreckten Finger mit dem Ruf »Chamsin!« (das ist der Name des Winds) in die Höhe.

Sofort begann nun Werner Siemens auf der Pyramide mit der elektrischen Erscheinung zu experimentieren. Er hat über diese sehr interessanten Versuche in »Poggendorfs Annalen« unter dem Titel »*Beschreibung ungewöhnlich starker elektrischer Erscheinungen auf der Cheopspyramide bei Kairo während des Wehens des Chamsins*« nähere Mitteilungen gemacht.

»Als ich eine gefüllte Weinflasche, deren Kopf mit Stanniol beklebt war, emporhielt«, schreibt er dort, »hörte ich denselben singenden Ton wie bei der Aufhebung des Fingers. Währenddessen sprangen von der Etikette fortwährend kleine Funken zu meiner Hand über, und als ich darauf den Kopf der Flasche mit der anderen Hand berührte, erhielt ich eine heftige elektrische Erschütterung, während ein glänzender Funke vom metallenen Kopf der Flasche in meine Hand übersprang. Es ist klar, daß die durch den feuchten Kork mit der Metallbelegung des Kopfes der Flasche in leitender Verbindung stehende Flüssigkeit im Innern derselben die innere Belegung einer Leydener Flasche bildete, während Etikette und Hand die abgeleitete äußere vertraten. Auch eine entkorkte Flasche lud sich auf gleiche Weise, namentlich dann, wenn die Öffnung gegen den Wind geneigt wurde, wie *Dr.* Esselbach durch einen heftigen Schlag erkannte, den er empfand, als er dieselbe an den Mund setzte.«

Siemens baute darauf eine leistungsfähigere Leydener Flasche, indem er eine gefüllte Weinflasche mit metallisch belegtem Kopf in ein angefeuchtetes Papier aus dem Proviantkorb hüllte. Als er diese hoch über den Kopf hielt, konnte er daraus laut klatschende Funken von etwa einem Zentimeter Schlagweite ziehen. Bald hatte er auch Gelegenheit, diese Leydener Flasche als Verteidigungswaffe gebrauchen zu können.

»Die Araber hatten«, so erzählt er, »die aus unseren Weinflaschen hervorbrechenden Blitze gleich mit offenbarem Mißtrauen betrachtet. Sie hielten dann eine kurze Beratung, und auf ein gegebenes Signal wurde ein jeder meiner Begleiter von den drei Mann, die ihn hinaufbefördert hatten, gepackt, um gewaltsam wieder hinabtransportiert zu werden. Ich stand gerade auf dem höchsten Punkt der Pyramide, einem großen Steinwürfel, der in der Mitte der Abplattung lag, als der Scheich der Arabertribus sich mir näherte und mir durch unseren Dolmetscher sagen ließ, die Tribus hätte beschlossen, wir sollten sofort die Pyramide verlassen. Als Grund gab er auf Befragen an, wir trieben offenbar Zauberei, und das könnte ihrer Erwerbsquelle, der Pyramide, Schaden bringen.

»Als ich mich weigerte, ihm Folge zu leisten, griff er nach meiner linken Hand, während ich die rechte mit der gut armierten Flasche – in offenbar beschwörender Stellung – hoch über den Kopf hielt. Diesen Moment hatte ich abgewartet und senkte nun den Flaschenkopf langsam seiner Nase zu. Als ich sie berührte, empfand ich selbst eine heftige Erschütterung, aus der zu schließen der Scheich einen gewaltigen Schlag erhalten haben mußte. Er fiel lautlos zu Boden, und es vergingen mehrere, mich schon angstvoll machende Sekunden, bis er sich plötzlich laut schreiend erhob und brüllend in Riesensprüngen die Pyramidenstufen hinabsprang. Als die Araber dies sahen und den fortwährenden Ruf »Zauberei!« des Scheichs hörten, verließen sie sämtlich ihre Opfer und stürzten ihm nach. In wenigen Minuten war die Schlacht entschieden und wir unbedingte Herren der Pyramide. Jedenfalls ist Napoleon der »Sieg am Fuße der Pyramiden« nicht so leicht geworden wie mir der meinige auf der Spitze!«

Nun hatten die Reisenden volle Freiheit, ihre Experimente fortsetzen zu können. Als Siemens sich durch einen improvisierten Isolierschemel aus aufgestellten Weinflaschen von der Steinmasse der Pyramide isolierte, hörte das sausende Geräusch beim Emporheben des ausgestreckten Fingers nach kurzer Zeit auf. Er konnte jetzt zu seinen Gefährten durch Näherung der Hand Funken überschlagen lassen. Siemens hat in seiner Arbeit die interessante Erscheinung dadurch erklärt, daß, wie er annimmt, die Staubteilchen durch Reibung auf dem Boden elektrisch werden, daß dann später, wenn sie durch den Wind hoch emporgetrieben worden sind, ihre in der Staubwolke konzentrierte Gesamtheit eine elektrische Spannung gegen die Erde hat. Die Pyramide, die als leitend zu betrachten ist, bildet eine gewaltige Spitze, von der aus die Erdelektrizität zur Wolke besonders stark ausströmt.

Als Werner Siemens den Kaukasus besuchte, erkrankte er an Wechselfieber. Während andere Menschen sich in einem solchen Zustand nur mit ihrem körperlichen Befinden zu beschäftigen pflegen, beobachtete er sorgfältig alle wissenschaftlichen Begleitumstände. Er kam schon damals, lange bevor Koch seine berühmte Theorie aufgestellt hatte, zu der Überzeugung, daß das klimatische Fieber seine Ursache in *mikroskopischen Organismen* haben müsse, die sich im Körper aufhalten. Die Periodizität des Wechselfiebers erklärt er durch die Zeit, welche die junge Brut jedesmal braucht, um zu ihrer, dem menschlichen Körper schädlichen Aktionsfähigkeit heranzuwachsen. Das ist später zu Siemens' großer Freude von der medizinischen Wissenschaft bestätigt worden.

Beim Auslegen der Kabel wurde er dazu geführt, einen Apparat für genaue *Messung der Meerestemperaturen* anzugeben, der gestattet, auf dem Schiff die Temperatur der Tiefe stets sofort abzulesen.

Im Jahre 1878 sah Siemens zum erstenmal den Vesuv, der sich gerade damals in lebhafter Tätigkeit befand. Er beobachtete die Erscheinungen, die sich seinem Auge darboten, so genau, als wenn er sich in seinem Leben mit nichts anderem beschäftigt hätte als mit dem Vulkanismus. »Der Vesuv trug«, so schrieb er in den Monatsberichten der Berliner Akademie der Wissenschaften, »während meiner Anwesenheit in Neapel im Mai d. J. (1878) eine Dampfkrone, welche sich hin und wieder bei windstillem Wetter etwa bis auf ein Drittel seiner Höhe über dem Meeresspiegel erhob. Während der Nacht erschien die Dampfkrone schwach leuchtend. Auffallend war mir hierbei, daß dieselbe, mit einem guten Fernrohre betrachtet, aus schnell aufeinander folgenden Dampfringen zu bestehen schien. Der Lichtschein war nicht konstant. Seine Helligkeit war sehr veränderlich, und hin und wieder schien er intermittierend zu sein.«

Siemens bestieg den Berg bis zum alten Kraterrand und setzte seine Forschungen fort. »Auf der höchsten Spitze des Aschenkegels, welcher sich in der Mitte des großen Kraters etwa bis zur halben Höhe seines Randes erhob, sah man eine hell glühende Öffnung, aus welcher in ziemlich regelmäßiger Folge alle zwei bis drei Sekunden heftige Explosionen hervorbrachen. Die Stärke dieser Explosionen ließ sich ungefähr daraus ermessen, daß durch dieselben glühende Steine und Schlackenstücke in Menge bis bedeutend über meinen Standpunkt auf dem Rande des alten Kraters emporgeschleudert wurden und nach ihrem fast senkrecht erfolgenden Niederfalle auf der Oberfläche des inneren Aschenkegels niederrollten. Die hellglühende Öffnung des tätigen Kraters bildete ein unregelmäßiges Viereck, dessen mittlere Seitenlänge ich auf 5 bis 6 Meter schätzte. Jede Explosion riß die umgebende Luft mit sich fort und bildete dadurch über dem Berggipfel einen in sich von innen nach außen rotierenden und sich beim Aufsteigen erweiternden Dampfring. Sie war von einem dumpfen Knalle begleitet, welcher den ganzen Berggipfel merklich erschütterte. Eine eigentliche Flammenerscheinung war nicht zu beobachten. Da jedoch heller Sonnenschein herrschte, so hatte die ausgestoßene Dampfmasse in der Nähe der Krateröffnung die gelbliche Färbung, welche schwach leuchtende Flammen im Sonnenschein anzunehmen pflegen.«

Diese Beobachtungen gaben ihm Anlaß, ausführliche Betrachtungen über die *Gestaltung des Erdinnern* und die darin tätigen Kräfte anzustellen. Wir besitzen eine sehr ausführliche Arbeit von ihm hierüber, in der er sich mit den damaligen widerstreitenden geologischen Ansichten auseinandersetzt.

Diesen stets nach Aufklärung ringenden Geist hat das große Haus, in dem er mit der gesamten Menschheit wohnte, weiter lebhaft beschäftigt. Er hat versucht, sehr viele Phänomene, die sich auf der Erde und in deren Luftmeer abspielen, zu erklären. So schrieb er »*Über die Zulässigkeit der Annahme eines elektrischen Sonnenpotentials und dessen Be-*

deutung zur Erklärung terrestrischer Phänomene«. Hierin legt er dar, daß das elektrische Potential der Sonne auf die Erde so einwirken müsse, daß auf der Erdoberfläche Elektrizität gebunden wird. Diese wird bei der Rotation der Erde ständig um diese herumgeführt und bewirkt als kreisender Strom deren Magnetisierung.

Weitere Arbeiten geologischer Natur führen die Titel: »Über die Erhaltung der Kraft im Luftmeer der Erde«, »Zur Frage der Ursachen atmosphärischer Ströme« und »Über das allgemeine Windsystem der Erde«.

In einem Aufsatz »*Über das Leuchten der Flamme*« hat Siemens Versuche beschrieben, die er in einem der großen Glasöfen seines Bruders Friedrich in Dresden über das Leuchten gasförmiger Körper angestellt hat. Er kommt zu dem überaus modern anmutenden Ergebnis, daß das Flammenlicht ebenso elektrisches Licht sei wie das der Geißlerschen Röhre.

Öffentliche Wirksamkeit

Mit der Hoffnung im Herzen, daß der Staat Friedrichs des Großen Deutschland zur Einigkeit und Größe emporführen würde, überschritt Werner Siemens einstens die mecklenburgisch-preußische Grenze. Um so schwerer lastete auf ihm die Reaktionszeit, die nach der Freiheitsbewegung von 1848 einsetzte. Länger als ein Jahrzehnt hielt ihn seine angestrengte technisch-wissenschaftlich-industrielle Tätigkeit von der Politik fern, zumal damals keiner zu hoffen wagte, daß die Verhältnisse sich alsbald bessern würden.

Dann aber, als nach der Erkrankung Friedrich Wilhelms IV. Prinz Wilhelm von Preußen die Regentschaft übernahm, begann, wie in den Herzen so vieler, auch in Werner Siemens die Ahnung zu sprießen, daß Preußen sich vielleicht doch noch auf die Verpflichtung besinnen könnte, welche die Weltgeschichte ihm zweifellos für die Herbeiführung der Einigung Deutschlands zugedacht hatte. Am 3. September 1860 wohnte er mit seinem Bruder Wilhelm einer großen Versammlung in Koburg bei, die zur Förderung der Einheitsbestrebungen einberufen worden war. Beide Brüder trugen damals das schwarz-rot-goldene Band mit deutlicher Absicht zur Schau.

Die Hoffnungen auf eine gründliche Besserung der Zustände in Deutschland schienen sich dann aber unter der Regentschaft und auch in den ersten Jahren, als der neue König die Krone trug, nicht zu erfüllen. Es kam der *Verfassungskonflikt*, in dem die Regierung mit dem Abgeordnetenhaus so hart um die Bewilligung der Mittel für die Heeresreorganisation kämpfte. Siemens war schon dem Nationalverein beigetreten, der sich unter der Führung Bennigsens gebildet hatte und auf das lebhafteste dafür eintrat, daß Preußen die führende Rolle in Deutschland übernähme. Als im Jahre 1862 Neuwahlen für das aufgelöste Abgeordnetenhaus stattfanden, erkor der *Wahlkreis Lennep-Solingen* Werner Siemens zu seinem *Vertreter im Parlament*. Er hatte sich selbst nicht als Kandidat gemeldet, fühlte sich aber doch nunmehr verpflichtet, die Wahl anzunehmen. Er hat dem preußischen Parlament in seiner geschichtlich bedeutungsvollsten Periode fünf Jahre lang angehört. Den Konflikt, den er damals antraf, stellt er in seinen »Lebenserinnerungen« so dar:

»Der Kern der Frage bestand in der nach dem Regierungsplane faktisch eintretenden Verdoppelung der preußischen Armee mit entsprechender Vergrößerung des Militärbudgets. Die Stimmung des Landes ging dahin, daß diese Vergrößerung der Militärlast nicht ertragen werden könnte, ohne zu gänzlicher Verarmung des Volkes zu führen. In der Tat war der Wohlstand Preußens schon damals hinter dem der anderen deutschen Staaten ansehnlich zurückgeblieben, da die Last der deutschen Wehrkraft auch nach den Befreiungskriegen hauptsächlich auf seinen Schultern geruht hatte. Sollte diese Last im Sinne der Reorganisation noch in so hohem Maße vergrößert werden, ohne daß eine entsprechende Teilnahme der übrigen Staaten erzwungen wurde, so mußte das Land in seinem Wohlstande mehr und mehr zurückgehen und hätte die Last schließlich doch nicht mehr zu tragen vermocht.

»Man wußte zwar, daß König Wilhelm schon als Prinz von Preußen und als Prinzregent von der Notwendigkeit überzeugt war, den Staat Friedrichs des Großen wieder zu der seiner geschichtlichen Stellung angemessenen Höhe an der Spitze Deutschlands zu erheben, und man zweifelte nicht an dem Ernste der darauf gerichteten Bestrebungen des persönlich geliebten und hochgeachteten Monarchen, aber man zweifelte an der Durchführbarkeit seines Planes.

»Der Glaube an den historischen Beruf des preußischen Staates zur Vereinigung Deutschlands und an Preußens Glücksstern war zu tief gesunken. Auch die eifrigsten Schwärmer für Deutschlands Einheit und künftige Größe, ja selbst spezifisch preußische Patrioten hielten es deshalb mit ihrer Pflicht nicht für vereinbar, Preußen diese neue, fast unerschwinglich scheinende Militärlast aufzubürden. Die Volksvertretung verwarf, zum großen Teil allerdings mit schwerem Herzen, den Reorganisationsentwurf der Regierung, und bei wiederholten Auflösungen bestätigte das Volk durch die Neuwahlen dieses Votum.«

Es wurde Siemens besonders schwer, gleichfalls gegen die Militärvorlage zu stimmen, da er sich im innersten Herzen den alten Glauben an den Beruf des preußischen Staats bewahrt hatte. Er hatte den Wunsch, einen Vermittlungsversuch zu machen, und schrieb damals eine *anonyme Broschüre* unter dem Titel »*Zur Militärfrage*«, die im Verlag von Julius Springer-Berlin erschien. Es wurden darin Vorschläge gemacht, eine Verdoppelung der Armee für den Kriegsfall zu erreichen, ohne daß dem Land eine so hohe Kostenlast aufgebürdet würde, wie die Regierung dies wünschte.

Bismarck und Roon führten bekanntlich damals die Neuordnung des Heers gegen den Willen des Parlaments durch. Und als der Krieg mit Österreich im Jahre 1866 ausbrach, hatten sie die Waffen in der Hand, mit deren Hilfe Preußen durch glorreiche Kriegstaten sich nun endlich doch an die Spitze der deutschen Staaten zu stellen vermochte.

Dann tat König Wilhelm in weiser Mäßigung den welthistorischen Schritt, für die ohne gesetzliche Grundlage im Interesse der Heeresschlagfertigkeit gemachten Ausgaben *Indemnität* vom Landtag zu erbitten.

Die Führer der oppositionellen Fortschrittspartei sahen zunächst nicht deutlich genug ein, daß es nun auch an ihnen sei, Nachgiebigkeit zu üben und die Ausgaben nachträglich zu bewilligen. Der gediegene Charakter von Werner Siemens aber und seine große Lebensklugheit ließen ihn deutlich erkennen, daß es nach einem so bedeutenden Erfolg der Regierungspolitik für das Wohl des Staats nicht zweckmäßig wäre, in unfruchtbarem Groll zu verharren. Mit großer Lebhaftigkeit schilderte er in den Parteiversammlungen die Gefahren, die mit einer Verweigerung der Indemnität verknüpft wären. Auch objektive Beurteiler gestehen zu, was er in seinen »Lebenserinnerungen« behauptet, nämlich, daß es seiner Einwirkung zu einem großen Teil zuzuschreiben ist, wenn wirklich der Bruch zwischen Parlament und Regierung durch Annahme der Indemnitätserklärung abgewendet und damit der innere Friede in Preußen wiederhergestellt, der Weg zu weiterer Größe und zur wirklichen Einigung Deutschlands freigemacht wurde.

Als er dieses wichtige Ergebnis erreicht hatte, trat Siemens, der seine politische Tätigkeit immer nur als vorübergehend empfunden hatte, sogleich von der parlamentarischen Bühne ab. Er legte sein Mandat nieder, um sich wieder ganz seiner industriellen Beschäftigung zuzuwenden. Aber er tat es doch nicht ohne Überwindung, denn am 6. Oktober 1866 schrieb er an seinen Bruder Karl: »Eben ist meine Mandatsniederlegung abgegangen! Auch ein Opfer, welches ich dem Geschäft bringe!«

Während seiner Abgeordnetenzeit hatte Siemens auch Gelegenheit, eine wichtige Tat für die Besserung der industriellen Verhältnisse in Deutschland zu vollbringen. Er war Spezialreferent der Abteilung »Metalle und Metallwaren« für die Vorbereitung des deutsch-französischen Handelsvertrags. In kluger Erkenntnis des großen Schadens, den die deutsche Industrie durch den mangelnden Stolz ihrer führenden Männer dauernd erlitt, setzte er damals durch, daß in den Handelsvertrag ein Artikel aufgenommen wurde, der verbot, deutsche Fabrikate fortab mit Firmen- und Fabrikzeichen der Fabrikanten eines anderen Lands zu versehen. Er war der Meinung, daß die deutsche Industrie geradezu selbstmörderisch handle, wenn sie die gute von ihr erzeugte Ware als fremdes Produkt und nur das Minderwertige als eigenes Fabrikat bezeichne. Selbst in den Städten Solingen und Remscheid, die damals schon in der Stahlfabrikation Ausgezeichnetes leisteten, bestand in jenen Zeiten noch die verderbliche Übung, die besten Waren, die man hervorbrachte, als englische in die Welt hinauszusenden. Die Industriellen glaubten auch, darauf keinesfalls verzichten zu können, und sie sandten eine Deputation an Siemens, die ihn dringend bat, die Einführung eines Verbots fremder Fabrikzeichen nicht weiter zu betreiben. Er lehnte jedoch ab, obgleich man ihm deutlich machte, daß man ihn dann kaum wiederwählen würde. Daran lag ihm aber weniger, als an der Förderung von Deutschlands Industrie. Und wirklich haben seit jener Zeit unsere Fabriken ihren wertvollen Erzeugnissen den Ruf auf dem Weltmarkt verschaffen können, auf den sie längst schon Anspruch hatten und heute gewiß erst recht haben.

Es wäre jedoch nicht gelungen, dies zu erreichen, wenn von Werner Siemens nicht die Anregung zu einer weiteren gesetzgeberischen Tat auf industriellem Gebiet ausgegangen wäre. Die Schaffung des deutschen *Patentgesetzes*, das auf ihn als seinen gedanklichen Urheber zurückgeht, kann man wohl als Siemens größte Tat im Rahmen seiner öffentlichen Wirksamkeit bezeichnen.

Im Jahre 1863 war man auf dem Weg, die ganze Patentgesetzgebung in Preußen aufzuheben, da sie sich in der damals bestehenden Form als ein schweres Hindernis für die Industrie erwiesen hatte. Das Patent bedeutete in jener Zeit nicht einen Schutz des Erfinders gegen Nachahmung, sondern es war ein Privilegium, das ihm in Anerkennung seines Verdienstes verliehen wurde. Die Erfindung wurde streng geheim gehalten und nur ihre Benennung veröffentlicht, damit ein jeder sich hüten sollte, etwas Ähnliches zu schaffen. Da man nun nie genau wußte, worum es sich in einem Patent handelte, so war eine Fülle verdrießlicher Konflikte die Folge, und die Allgemeinheit hatte gar keinen Nutzen von den Patenten. Die kurze Dauer von fünf Jahren gestattete auch nicht eine genügende Ausnutzung, da die Entwicklung technischer Dinge größtenteils einen längeren Zeitraum beansprucht.

Der preußische Handelsminister fragte in dem genannten Jahr bei sämtlichen Handelskammern an, ob es nicht an der Zeit wäre, das Patentwesen zu beseitigen. Auch an das Ältestenkollegium der Berliner Kaufmannschaft kam eine solche Anfrage, und das Mitglied des Kollegiums Werner Siemens erstattete den Bericht. Er trat dem Standpunkt des Handelsministers durchaus entgegen, indem er zeigte, daß ein Patentgesetz von größtem Nutzen für die Industrie sein könne, wenn es nur die richtigen Bestimmungen enthielte.

Siemens ging davon aus, daß man dem Erfinder unbedingt ein Vorrecht auf sein Geisteserzeugnis einräumen müsse. Nur dann sei zu erwarten, daß er seine Erfindung gründlich ausbaue und so im Lauf der Jahre der Allgemeinheit etwas besonders Wertvolles überliefere. Nur wenn dem Erfinder ein Besitztitel auf seine Erfindung zustehe, könne er Kapitalisten gewinnen, die ihm die Ausführung der nötigen Versuche ermöglichen, denn der Geldgeber könne ja einen gesicherten Anteil am künftigen Gewinn erhoffen. Siemens wies darauf hin, daß es James Watt nur infolge seines durch vierzehn Jahre laufenden Patents gelungen sei, den reichen Bolton als Teilnehmer zu gewinnen und so die Dampfmaschine zu entwickeln.

Wenn aber der Staat dem Erfinder das nützliche Geschenk des Schutzes für lange Zeit mache, so müsse dieser zur Entgeltung verpflichtet sein, den Inhalt der Erfindung öffentlich darzulegen. »Das Patent ist«, so hieß es in dem Bericht für das Ältestenkollegium, »nach dieser Anschauungsweise ein wirklicher Kontrakt zwischen Staat und Erfinder: jener, als Vertreter der Interessen der Gesamtheit, gewährt diesem auf eine Zahl von Jahren, welche nur so groß zu bemessen ist, als es die Erreichung des Zweckes erfordert, das alleinige Dispositionsrecht über dessen Erfindung; dieser übernimmt dagegen die Verpflichtung, die in ihr liegenden neuen Gedanken sofort und vollständig durch Veröffentlichung zum Gemeingut zu machen. Es ist Sache der Gesetzgebung, dafür zu sorgen, daß die Gesamtheit aus diesem Kontrakt den möglichst großen Nutzen zieht.«

Dieser Bericht von Werner Siemens wurde einstimmig als Gutachten des Ältestenkollegiums angenommen, und viele andere Handelskammern in Preußen schlossen sich seiner Meinung an. Von einer Abschaffung der Patente wurde infolgedessen abgesehen.

Aber damit war nur etwas Negatives verhindert, Positives jedoch nicht erreicht. Die damalige Form des Patentwesens war praktisch einer gänzlichen Schutzlosigkeit der Erfindungen gleich und hatte nach Siemens' Meinung sogar eine Unsolidität der deutschen Industrie zur Folge, die deren Ansehen im Ausland beeinträchtigen mußte. »Es hat sich«, so schrieb Siemens in einer späteren Denkschrift, »bei uns in technischen Dingen nach und nach eine von der anderer Länder ganz verschiedene Rechtsanschauung, eine andere Moral herausgebildet. Während es in England und Frankreich, selbst in Amerika, für unehrenhaft, mindestens für unschicklich gilt, fremde Erfindungen ohne Zustimmung des Erfinders zu benutzen, selbst wenn sein Rechtsschutz zweifelhaft oder ein solcher nicht vorhanden ist, gilt dies in Deutschland nicht nur für anständig, sondern in vielen Fällen sogar für verdienstlich.

»Als charakteristische Beispiele dieser Richtung brauche ich nur anzuführen, daß in Preußen selbst technische Staatsbehörden keinen Anstand nehmen, neue Betriebsapparate oder Einrichtungen, die von Gewerbetreibenden auf deren Veranlassung mit Mühe und Kosten ausgearbeitet sind, anderen Gewerbetreibenden als Modelle zur Nachahmung zu übergeben oder sie zur Submission zu bringen und die Ausführung dem Mindestfordernden zu überweisen. Sie sind dazu sogar oft durch ihre Instruktion verpflichtet.

»In gleicher Richtung empfehlen Gewerbetreibende bei uns häufig offen ihre Fabrikate damit, daß sie grundsätzlich nur die bewährtesten und neuesten Konstruktionen bekannter angesehener Firmen nachahmen und daher billiger liefern könnten wie diese, da sie keine Erfindungs- und Versuchskosten zu tragen hätten! In anderen Ländern würde dies für ehrenwidrig gehalten werden; hier nehmen selbst Staatsbehörden keinen Anstand, von solchen vorteilhaft scheinenden Anerbietungen bestens Gebrauch zu machen!«

Um in diesen Zuständen, die uns heute ganz mittelalterlich erscheinen, grundlegende Besserung zu schaffen, forderte Siemens zur Bildung eines *Patentschutz-Vereins* auf, der dann auch unter seinem Vorsitz ins Leben trat. Seine Tätigkeit erwirkte im Jahre 1877 endlich den Erlaß eines Patentgesetzes für das Deutsche Reich, dessen Grundgedanken sich vollständig auf die Siemensschen Ausführungen von 1863 stützten. Danach werden Patente auf die Dauer von fünfzehn Jahren mit jährlich steigenden Abgaben erteilt. Es finden eine Voruntersuchung über die Neuheit der Erfindung und die öffentliche Auslegung der Beschreibung statt, um Gelegenheit zum Einspruch gegen die Patentierung zu geben. Eine vollständige Publikation des erteilten Patents hat stattzufinden, auf gerichtlichem Weg kann jederzeit die Nichtigkeitserklärung eines erteilten Patents erfochten werden.

In Deutschland ist im Jahre 1891 ein neues abgeändertes Patentgesetz erlassen worden, aber auch hierin finden wir Werner Siemens' Ideen vollkommen enthalten. Sie haben also seit fast vier Jahrzehnten die deutsche Industrie bei ihrem außerordentlichen Aufschwung begleitet, und es ist kein Zweifel, daß sie hierbei zugleich Stütze und Förderungsmittel in hohem Maß gewesen sind. Die Mängel auch der heutigen Patentgesetzgebung sind gewiß nicht zu verkennen. Aber die Vorzüge ihrer Grundgedanken gegenüber dem, was vorher bestand, sind so bedeutend, daß die deutsche Industrie Werner Siemens auch für deren Aufstellung zu besonderer Dankbarkeit verpflichtet ist.

Der lebhafte und uneigennützige Wunsch, die Stellung der Industrie seines Vaterlands auf dem Weltmarkt zu stärken, ihr Ansehen zu heben, führte Werner Siemens zu einer weiteren bedeutsamen Tat. »Die naturwissenschaftliche Forschung«, so sagte er, »bildet immer den sicheren Boden des technischen Fortschritts, und die Industrie eines Landes wird niemals eine internationale, leitende Stellung erwerben und sich erhalten können, wenn dasselbe nicht gleichzeitig an der Spitze des naturwissenschaftlichen Fortschritts steht.« In diesem Zusammenhang vermißte er in Deutschland die Existenz von Instituten, die ausschließlich der physikalischen Forschung gewidmet seien.

»Der Staat hat«, so führte er weiter aus, »seine ganze Kraft mit unzweifelhaftem Erfolge der Förderung des wissenschaftlichen Unterrichts zugewandt. Seine Unterrichtsanstalten erzeugen eine große Zahl hochgebildeter Naturforscher, deren Lebensberuf fast immer wieder der Unterricht ist. Die wissenschaftliche Forschung selbst ist nirgends Lebensberuf in der staatlichen Organisation, sie ist nur eine geduldete Privattätigkeit der Gelehrten neben ihrem Berufe, der Lehrtätigkeit. Einzelne Versuchsstationen, die durch spezielle dringende Bedürfnisse hervorgerufen sind, und auch die Akademien, die zwar der wissenschaftlichen Forschung gewidmet, aber nur nebenamtlich besetzt und nicht mit den erforderlichen Einrichtungen zur Ausführung von Experimentaluntersuchungen versehen sind, ändern hierin nichts Wesentliches. Die Berufsgelehrten der Akademien sind fast durchgängig neben dem ihnen obliegenden Unterricht noch mit gelehrten Geschäften derartig überbürdet, daß sie – nach dem Ausspruch eines unserer ersten Naturforscher – aufhören müssen, Gelehrte zu sein!«

Der Mangel an Gelegenheit zu ruhiger wissenschaftlicher Arbeit müsse dazu führen, die deutsche Technik in die zweite Linie zu drängen. Als ein recht schlagendes Beispiel für diese Rückständigkeit in Deutschland führte Siemens die Tatsache an, daß die elektrischen Maßeinheiten in England hätten festgestellt werden müssen, obgleich sie von dem deutschen Gelehrten Wilhelm Weber theoretisch begründet worden waren. Privatlaboratorien reicher Engländer hätten die Arbeit geleistet, bei uns sei eine solche Gelegenheit nicht vorhanden.

Und auch hier wieder läßt er es als Mann der Tat nicht bei dem Bedauern bewenden, sondern er handelt in großzügigster Weise, als es sich zeigt, daß die Instanzen des Reichs nicht so leicht dazu zu bewegen sein würden, ein ausschließlich der Forschung gewidmetes Institut zu schaffen. Er bietet dem Reich eine *halbe Million in Grundwert oder Kapital* an mit der Bedingung, daß der Reichsfiskus die Kosten der auf dem Grundstück zu errichtenden Bauten trage und ihre Erhaltung übernehme. Regierung und Reichstag nahmen das hochherzige Geschenk an, und so entstand die *Physikalisch-Technische Reichsanstalt* auf dem damals still und erschütterungsfrei daliegenden Gelände an der Marchstraße in Charlottenburg. Sie ist ein stolzes Denkmal der Siemensschen Zuneigung für die Wissenschaft geworden, die seine »erste Liebe« war und seine letzte geblieben ist.

Der erste Präsident der neugeschaffenen Reichsanstalt wurde der größte Physiker der damaligen Zeit, einer der allergrößten überhaupt, die je gelebt haben, *Hermann von Helmholtz*. Die Geschichte des fördernden Einflusses, den die Reichsanstalt unter Helmholtz und den nachfolgenden Präsidenten Kohlrausch und Warburg auf die deutsche Industrie geübt hat, muß noch geschrieben werden. Sie ist die kräftigste wissenschaftliche Tragsäule für den stolzen Bau der deutschen Technik geworden.

Durch die Anregung des Staatssekretärs im Reichspostamt *Dr. von Stephan* und *Werner Siemens'* bildete sich der *Elektrotechnische Verein*, in dessen Namen, wie wir bereits gehört haben, das Wort Elektrotechnik zum erstenmal auftrat. Eine der wichtigsten Anregungen, die von dem Verein ausgegangen sind, war das Ersuchen an die deutschen Regierungen, an den Technischen Hochschulen *eigene Professuren der Elektrotechnik* zu errichten. Erst als diesem Wunsch Folge geleistet worden war, begann die Elektrotechnik als Spezialfach zu bestehen. Die Resolution, durch welche diese Angelegenheit in Fluß gebracht wurde, war von Werner Siemens im Verein eingebracht worden.

Siemens & Halske

Es bleibt uns noch übrig, in großen Zügen die Entwicklung der industriellen Firma zu verfolgen, die von Werner Siemens begründet worden ist. Die Schaffung dieses Hauses ist ein sehr beträchtlicher Teil seines Lebenswerks. Das ungewöhnliche Wachstum der Firma, ihre Ausdehnung zu einem Weltgeschäft und die Tatsache, daß sie schon zu Lebzeiten des Gründers zu den angesehensten industriellen Häusern der Erde zählte, sprechen dafür, daß Werner Siemens auch in seiner dritten Eigenschaft, nämlich als Kaufmann, genial begabt war. Er verstand es mit großer Klugheit, seine wissenschaftlichen und technischen Schöpfungen in dem Geschäftshaus zu verankern, und er hat der Firma dadurch die Möglichkeit zu so kraftvoller Entwicklung gegeben, daß sie sehr viel dazu beizutragen vermochte, den Namen des industriellen Deutschland auf der ganzen Erde zu hohem Ansehen zu bringen.

Wir wissen bereits aus früheren Abschnitten, daß Werner Siemens in seinem dreißigsten Lebensjahr, als bei ihm der Entschluß feststand, sich ganz der Entwicklung des Telegraphenwesens zu widmen, in Berlin eine Werkstatt begründete. Überhaupt wird im folgenden manches schon früher Gesagte wiederholt werden müssen, da bei dem innigen Zusammenhang von Schöpfer und Schöpfung sonst eine fortlaufende Darstellung in diesem Abschnitt nicht zu erzielen wäre.

Siemens war damals noch Artillerieoffizier. Der Vetter Georg Siemens lieh ihm die zur Einrichtung der Werkstatt erforderlichen 6000 Taler; sie sind die einzige Summe geblieben, welche die Firma jemals von Außenstehenden nötig hatte. Der Gedanke, der zur Schaffung einer eigenen kleinen Fabrik trieb, war der Wille Werner Siemens', seine Erfindungen mechanisch in vollkommenster Weise und mit der größten Genauigkeit bauen zu lassen. Darum verbündete er sich mit dem Mechaniker *Johann Georg Halske*, der, wie er wußte, besonders vorzügliche Präzisionsarbeit zu leisten vermochte.

Man kann sagen, daß dieser Grundsatz, stets beste und saubere Arbeit zu leisten, während all der Jahrzehnte, die bis zum heutigen Tag vergangen sind, bei der Firma Siemens & Halske auf das sorgsamste innegehalten worden ist. Das Haus war dadurch lange in den Stand gesetzt, ohne Konkurrenz in der Elektrotechnik zu arbeiten, und niemand kann verkennen, daß alle Firmen, die sich später in Deutschland auf elektrotechnischem Gebiet zu bedeutender Größe entwickelt haben, in dieser Beziehung bei Siemens & Halske in die Schule gegangen sind. Deutsche elektrische Maschinen kennt man auf der ganzen Welt als im höchsten Grad zuverlässige Apparate, und diese Fabrikationsweise hat sich aus dem Vorbild heraus entwickelt, das von Werner Siemens seinem industriellen Schaffen zugrunde gelegt wurde.

Siemens schreibt im Sommer 1847 an seinen Bruder Wilhelm in London: »Ich habe mit dem Mechaniker Halske, der sich schon von seinem Kompagnon (Böttcher) getrennt hat, definitiv die Anlage einer Fabrik beschlossen, und hoffentlich wird sie in sechs Wochen schon in vollem Gange sein ... Halske, den ich völlig gleich mit mir gestellt habe in der Fabrik, bekommt die Leitung in der Fabrik, ich die Anlagen der Fabrik, Kontraktabschlüsse usw. Wir wollen vorläufig nur Telegraphen, Läutewerke für Eisenbahnen und Drahtisolierungen mittels Guttapercha machen ... Nach langem Suchen ist endlich ein passendes Quartier für unsere Werkstatt gefunden und gemietet, mit den Fenstern nach dem Anhaltischen Bahnhof hinaus. (Es war ein Haus in der Schöneberger Straße, in der die Firma bis zum heutigen Tag eine Niederlassung unterhält) ... Ich wohne parterre, die Werkstatt eine Treppe, Halske zwei Treppen hoch, in Summa für 300 Taler. Bald nach dem 1. Oktober wird die Arbeit beginnen.«

Am 12. Oktober 1847 war die Werkstatt in der Tat eingerichtet. Dieses Datum ist als Geburtstag der heutigen Weltfirma Siemens & Halske anzusehen.

Die Arbeit wurde mit drei Drehbänken begonnen. Am 20. Dezember war die Werkstatt mit zehn Arbeitern »ganz besetzt«. Kaum hatte man jedoch eine intensivere Tätigkeit begonnen, insbesondere um die Apparate für den damals von der preußischen Telegraphenverwaltung veranstalteten Wettbewerb herzustellen, da kamen die Revolution und der Krieg mit Dänemark, der, wie wir wissen, Werner Siemens lange von Berlin fernhielt. Er hatte es der Sorgsamkeit seines Geschäftsgenossen zu verdanken, daß die Firma durch jene ungünstige Zeit hindurchkam. Dann aber wurde die unterirdische Telegraphenlinie nach Frankfurt gebaut, und im Anschluß daran gab es weitere Aufträge.

Im Sommer 1849 nahm Werner Siemens seinen Abschied vom Militär. Damals, als gerade die ersten russischen Aufträge eingelaufen waren, hatte sich die Zahl der Arbeiter in der Fabrik bereits auf 32 gehoben.

Das Geschäft entwickelte sich weiter ganz gut, da die Aufträge infolge der Verbesserungen, die Werner Siemens fortwährend an den Apparaten anbrachte, sich mehrten: Schon gegen Ende des Jahres 1851 mußte ein neues Gelände erworben werden, auf dem eine erweiterte Fabrik errichtet werden sollte. Es wurde das Grundstück *Markgrafenstraße 94* angekauft, von dem aus das Haus sich später über viele Teile von Groß-Berlin verbreitet hat.

Aber gerade jetzt, als Werner Siemens so gut im Fahrwasser zu sein glaubte, daß er die lange geliebte Braut heimführte, kam für das Geschäft eine schwere Krisis. Siemens hatte jene Broschüre geschrieben, welche die grobe Nachlässigkeit der preußischen Telegraphenverwaltung bei der Auslegung der ersten unterirdischen Telegraphenleitungen klarlegte, und die Folge war, daß der Hauptkunde dem Geschäft die Bestellungen entzog. Während im Jahre 1852 Werner Siemens in Petersburg durch die Masern ans Krankenbett gefesselt war, sah es in Berlin recht böse aus. Friedrich Siemens schrieb damals an Karl: »Halske ist durch den Hausankauf in große Geldnot geraten und scheint überhaupt ganz ratlos zu sein, seit Werner fort ist.«

Es wurden lebhafteste Anstrengungen gemacht, um mit dem Ausland, namentlich mit Frankreich, ins Geschäft zu kommen. Aber Karl, der sich in Paris lebhaft bemühte, hatte wenig Erfolg, und die Lage wurde immer schlimmer. Drahtexporte, auf die sich die Firma auf Anraten

Wilhelms eingelassen hatte, brachten sie in gefährliche finanzielle Situationen. Am 12. Mai 1853 schrieb Werner an Wilhelm: »Geld! Geld! Am 21., spätestens 22. müssen wir notwendig 1500 Pfund Sterling haben, damit unser Kredit nicht wacklig wird. Die mußt Du verschaffen und rechtzeitig schicken.« Wilhelm gelang es wirklich, das Geld zu besorgen, und damit war die Lage im Augenblick gerettet.

Man befand sich damals in solcher Bedrängnis, daß die Firma Siemens & Halske, die doch als Telegraphenbauanstalt gegründet war, während dieser Zeit eifrig danach strebte, einen Auftrag auf die Herstellung ganz gewöhnlicher Ausrüstungsteile (Fittings) für die gerade im Bau befindlichen Berliner Wasserwerke zu erhalten.

Werner war gegenüber seinem eigentlichen Fabrikationsgegenstand so verzagt, daß er sich äußerte: »Bekommen wir die Fittingsarbeit, so werden wir den Telegraphen wohl nach und nach adieu sagen. Die Sache ist zu anlockender Natur ...«

Sie bekamen die Aufträge auf die Fittings nicht, aber nun setzte bald das große Geschäft mit Rußland ein. Der gesamte Geschäftsgewinn der beiden Jahre 1851 und 1852 hatte, nach Ehrenberg, nicht mehr als 8678 Taler betragen. Das Ergebnis war hinter dem von 1850 weit zurückgeblieben.

Es hieße die erfinderische Tätigkeit von Werner Siemens noch einmal erzählen, wenn wir hier jede Entwicklungsphase der Firma verfolgen wollten. Langsam schwanden die Schwierigkeiten, und das Haus wurde zu einer hochangesehenen Telegraphenbauanstalt, die aus allen Teilen Europas Aufträge erhielt und am Ende stark genug war, das große Unternehmen der indo-europäischen Telegraphenlinie in die Hand zu nehmen.

Im Jahre 1858 war ein *Londoner Zweiggeschäft* unter der Leitung von Wilhelm Siemens begründet worden, das 1862 bereits 80 Arbeiter beschäftigte. Im folgenden Jahr wurde dann die *Kabelfabrik in Charlton* bei Woolwich begründet, deren erstes Erzeugnis jenes unglückselige Cartagena-Oran-Kabel gewesen ist. Halske erschrak damals über die Gefährlichkeit des Seekabelgeschäfts so sehr, daß er die Abtrennung der Londoner Firma vom Berliner Geschäft verlangte. Sie ging darauf in den Privatbesitz der drei Brüder Werner, Wilhelm und Karl über, von denen Wilhelm die Leitung übertragen wurde. Fortab firmierte das englische Geschäft *Siemens Brothers*. Auch die *Petersburger Firma* wurde damals unter der Leitung von Karl selbständig gemacht, so daß fortab drei getrennte Siemenshäuser bestanden.

Der umfangreiche Bau der indo-europäischen Linie veranlaßte eine weitere Vergrößerung der Firma, die auch die Kriegsjahre 1870/71 gut überstanden hatte. Die Zahl der Arbeiter in der Berliner Fabrik, die, nach Howe, im Jahre 1867 erst 177 betrug, wuchs 1869 auf 250 und 1871 auf 412 an. Mehr und mehr mußte Werner Siemens sich durch das Heranziehen tüchtiger Mitarbeiter entlasten, um Zeit genug für die Oberleitung der gesamten Geschäfte zu gewinnen. Sein Jugendfreund *William Meyer*, der ihm als leitender Ingenieur vortreffliche Dienste geleistet hatte, starb im Jahre 1866. An seine Stelle wurde *Karl Frischen* berufen, und auch *Friedrich von Hefner-Alteneck* trat damals in die Firma ein. Dieser hat sich, wie uns bekannt ist, um die Durchbildung der Dynamomaschine und der Bogenlampe die größten Verdienste erworben; Frischen wurde der Vater der ausgezeichneten Eisenbahnsicherungsanlagen, die heute als Blocksystem von Siemens & Halske über die ganze Erde verbreitet sind.

Zwei Jahre später faßte *Halske* den Entschluß, *aus der Firma auszutreten*. Die schweren Zeiten, die das Haus durchzumachen hatte, ließen ihn treu ausharren. Aber seltsamerweise machte ihm das Geschäft keine Freude mehr, als es sich immer weiter ausdehnte. »Die Erklärung liegt«, wie Werner Siemens schreibt, »in der eigenartig angelegten Natur Halskes. Er hatte Freude an den tadellosen Gestaltungen seiner geschickten Hand sowie an allem, was er ganz übersah und beherrschte. Unsere gemeinsame Tätigkeit war für beide Teile durchaus befriedigend. Halske adoptierte stets freudig meine konstruktiven Pläne und Entwürfe, die er mit merkwürdigem mechanischem Taktgefühl sofort in überraschender Klarheit erfaßte und denen er durch sein Gestaltungstalent oft erst den rechten Wert verlieh. Dabei war Halske ein klardenkender, vorsichtiger Geschäftsmann, und ihm allein habe ich die guten geschäftlichen Resultate der ersten Jahre zu danken.

»Das wurde aber anders, als das Geschäft sich vergrößerte und nicht mehr von uns beiden allein geleitet werden konnte. Halske betrachtete es als eine Entweihung des geliebten Geschäftes, daß Fremde in ihm anordnen und schalten sollten. Schon die Anstellung eines Buchhalters machte ihm Schmerz. Er konnte es niemals verwinden, daß das wohlorganisierte Geschäft auch ohne ihn lebte und arbeitete. Als schließlich die Anlagen und Unternehmungen der Firma so groß wurden, daß er sie nicht mehr übersehen konnte, fühlte er sich nicht mehr befriedigt und entschloß sich, auszuscheiden und seine ganze Tätigkeit der Verwaltung der Stadt Berlin zu widmen, die ihm persönliche Befriedigung gewährte.«

Da war der Kompagnon Siemens ein ganz anderer Kerl. In einem Brief an seinen Bruder Karl, in dem er diesem von dem Ausscheiden Halskes Mitteilung machte, schrieb er: »Ich will und kann noch nicht zur Ruhe gehen. Ich hasse das faule Rentierleben, will schaffen und suchen, solange ich kann, sehne mich nicht nach persönlichen Annehmlichkeiten und Genüssen des Reichtums. Ich würde körperlich und geistig zugrunde gehen, wenn ich keine nützliche Tätigkeit, an der ich Anregung und dadurch Beruhigung finde, mehr entfalten könnte.«

Halske, der 1890 gestorben ist, hat Werner Siemens bis zu seinem Lebensende als Freund nahegestanden. Sein einziger Sohn trat als Prokurist bei der Firma ein.

Bei ihrem fünfundzwanzigjährigen Geschäftsjubiläum am 12. Oktober 1872 waren in der Fabrik bereits 543 Arbeiter und 43 Beamte tätig. Damals nahm Werner Siemens Gelegenheit, seine warmherzigen sozialen Empfindungen, die ihn sein ganzes Leben hindurch beseelt haben, auch im eigenen Haus praktisch zu betätigen. Er schuf eine Einrichtung, die alle Angestellten der Firma nach Maßgabe ihrer Leistungen am Gewinn beteiligte. Es wurde bestimmt, daß fortab stets ein ansehnlicher Teil des Jahresgewinns zu *Tantiemen für Beamte und Prämien für Arbeiter* (später in Gratifikationen umgewandelt) sowie zu *Unterstützungen für Arbeiter* in Notlagen aus dem Geschäftsgewinn zurückgestellt würden. Ferner wurde ein Kapital von 60000 Talern zur Begründung einer *Alters- und Invalidenkasse* abgezweigt und zugleich die Verpflichtung des Geschäfts festgelegt, der von den Beteiligten direkt gewählten Kassenverwaltung jährlich fünf Taler für jeden Arbeiter und zehn Taler für jeden Beamten zu zahlen, sobald diese ein Jahr lang ohne Unterbrechung im Geschäft gearbeitet hatten.

Man muß bedenken, daß diese Schöpfungen zu einer Zeit geschahen, als man sich selbst in Deutschland, dem Ursprungsland der Arbeiterversicherungen, noch sehr wenig mit dem Schicksal des kranken und invaliden Arbeiters beschäftigte. Auch auf diesem Gebiet also ist Werner Siemens als ein Bahnbrecher zu betrachten, und es spricht nichts so sehr für die Seelengröße dieses Manns wie die Tatsache, daß gerade er, dem es gelungen war, aus dem Nichts sich so hoch emporzuarbeiten, warmherzig derer gedachte, die vom Schicksal nicht so glücklich begabt waren.

Das Haus Siemens Brothers in London hatte seit dem Jahre 1874, das die Auslegung des ersten direkten transatlantischen Kabels brachte, sehr große Aufträge auf Seekabel zu erledigen. Bald darauf lenkte die Erfindung des *Telephons* die Aufmerksamkeit auf sich, und das Berliner Haus nahm sich ihrer fördernd und ausgestaltend an. Eine unabsehbare Reihe von Konstruktionen auf dem Gebiet der Telephonsprechapparate und Fernsprechvermittlungsämter ist aus der Fabrik hervorgegangen.

Mit der Erfindung der Dynamomaschine setzt alsbald der Ausbau der *Starkstromtechnik* ein. Die Firma hat auch hierin auf allen Gebieten Grundlegendes geleistet. Es gibt keine Anwendungsform des Starkstroms, für welche die Apparate nicht bei ihr frühzeitig durchgebildet worden wären. Im Jahre 1883 wurde am Salzufer in Charlottenburg eine neue Fabrik für größere Maschinen eröffnet. Aus kleinen Anfängen heraus hat sie sich allmählich zu dem großen *Charlottenburger Werk* entwickelt.

Werner Siemens sah seine Schöpfung prächtig gediehen, als er im Jahre 1889 die Leitung niederlegte und nur noch als stiller Kommanditist beteiligt blieb. Drei Jahre später ist er in seinem Charlottenburger Heim einer Lungenentzündung erlegen.

Als er sich von dem Geschäft zurückzog, übergab er die Leitung des großen Unternehmens seinem Bruder Karl und seinen beiden ältesten Söhnen *Arnold* und *Wilhelm*. Karl Siemens starb im Jahre 1906. Heute stehen die beiden genannten Söhne von Werner Siemens an der Spitze der Firma, und ein dritter, bedeutend jüngerer Sohn aus der *zweiten Ehe*, die Werner Siemens im Jahre 1869 mit einer Verwandten, *Antonie Siemens*, geschlossen hatte, *Karl Friedrich von Siemens*, gehört ebenfalls dem Vorstand an. Den drei Söhnen gesellten sich drei Töchter, Anna, Käthe und Hertha, zu.

Im Jahre 1897 wurde die Firma Siemens & Halske mit einem Kapital von 35 Millionen Mark in eine *Aktiengesellschaft* umgewandelt. 1903 gliederte man die Nürnberger Fabrik Schuckert & Co. an, und es wurden auf diese Weise die *Siemens-Schuckert-Werke* als Gesellschaft mit beschränkter Haftung mit einem Kapital von 90 Millionen Mark begründet. Sie haben insbesondere die Aufgabe übernommen, die Fabrikation und den Vertrieb auf dem Gebiet der Starkstromtechnik auszuführen, während die Firma Siemens & Halske sich mehr der Entwicklung des Schwachstroms zugewendet hat.

Mit welchem Gelingen die Nachkommen das hinterlassene Werk ihres großen Vaters zu fördern und weiterzubilden gewußt haben, geht aus den Zahlen hervor, die das letzte Geschäftsjahr vor dem Ausbruch des Weltkriegs charakterisieren. Der gesamte Konzern beschäftigte damals *82500 Arbeiter und Angestellte.* Das *gesamte Aktienkapital* betrug im gleichen Jahr *153 Millionen Mark.* Die Siemens-&-Halske-Aktiengesellschaft erzielte einen Geschäftsgewinn von 17½ Millionen, die Siemens-Schuckert-Werke einen solchen von rund 28 Millionen Mark.

Der älteste Sohn des Meisters, *Arnold von Siemens,* ist jetzt der Vorsitzende des Aufsichtsrats der Firma Siemens & Halske. Er wurde als Vertreter der Familie ins Herrenhaus berufen und ist mit einer Tochter des großen Hermann von Helmholtz verheiratet. Der zweite Sohn, Geheimer Regierungsrat Dr.-Ing. *h. c. Wilhelm von Siemens,* Vorsitzender des Aufsichtsrats der Siemens-Schuckert-Werke, läßt insbesondere die Führung der Geschäfte im Rahmen der großen Siemensschen Tradition seine Aufgabe sein. Ihm persönlich ist vielfach der Anstoß zu weiteren großen Leistungen zu verdanken, die das Haus nach des Meisters Tod vollbracht hat.

So ist der Siemenssche Schnelltelegraph, der geschwindeste Fernbote, den wir in der Praxis besitzen, als seine Schöpfung anzusehen. Die Ausgestaltung der Metallfadenglühlampe wurde durch seine Anregung von der Firma in besonderer Weise gefördert.

Die Fabriken in Siemensstadt (Nach einem Gemälde von Obronski)

Nachdem in Budapest von der Firma Siemens & Halske die erste Untergrundbahn auf dem europäischen Festland gebaut worden war, hat Wilhelm von Siemens mit größter Energie und Ausdauer die Idee des Baus von *Hoch- und Untergrundbahnen in Berlin* betrieben. Im Jahre 1896 wurde denn auch die Werner Siemenssche Idee der Schaffung von elektrischen Schnellbahnen für Berlin wieder aufgenommen, und der erste Spatenstich für die Hoch- und Untergrundbahnlinien getan. Das Schnellbahnnetz von Berlin, das sich bis jetzt im Betrieb befindet – 1902 wurde die erste Linie eröffnet – ist eine hervorragende Schöpfung der Firma Siemens & Halske, die besonders auf dem Gebiet des Tunnelbaus mit Grundwasserabsenkung Bahnbrechendes geleistet hat.

Seit einigen Jahren sind die Hauptfabriken des Konzerns zu einem imponierenden Ganzen in einem Berliner Außenbezirk zusammengeschlossen. Er trägt den Namen *Siemensstadt* und ist eine Industriestätte von hervorragender Bedeutung. Es befinden sich dort das gewaltige Wernerwerk, in dem alle erdenklichen Schwachstromapparate in höchster Vollendung erzeugt werden, das Blockwerk, das der Herstellung der Eisenbahnsicherungsanlagen dient, das Dynamowerk, Elektromotorenwerk, Autowerk und das Kleinbauwerk, das die zierlichen Zubehörteile elektrischer Anlagen sowie Handapparate in ungeheurer Zahl fertigstellt. In geringer Entfernung von Siemensstadt, in Gartenfelde, ist das Kabelwerk angesiedelt. In Berlin-Lichtenberg befindet sich die Fabrik für Bogenlampenkohlen, welche die Firma Gebrüder Siemens & Co. führt. Hier wird auch noch der von Werner Siemens erfundene Alkoholmeßapparat hergestellt. In der Franklinstraße produziert das Charlottenburger Werk weitere Schaltanlagen und eine große Anzahl von Starkstrom-Apparatteilen. Dicht daneben liegt das Glühlampenwerk. Große Fabriken unterhält die Firma ferner in *Nürnberg* und *Wien*.

Lebenserinnerungen. Weltruhm

Dreiundsiebzig Jahre war Werner Siemens alt, als er die Zügel der Regierung in dem von ihm selbst geschaffenen großen industriellen Reich aus der Hand legte. Aber er tat es auch dann noch nicht, um fortab der Ruhe zu pflegen, sondern dieser nimmermüde Geist hatte sich noch ein neues bedeutendes Ziel gesteckt.

Das *Werk*, das er vollbracht, stand deutlich erkennbar vor aller Augen. Nun wollte er auch das *Leben* darstellen, aus dem dieses Werk hervorsprießen konnte, emporwachsen mußte. Er ging an die Niederschrift seiner »Lebenserinnerungen«, die er bis kurze Zeit vor seinem Tod fortsetzte. Mit diesem Buch hat Werner Siemens sich und der deutschen Technik ein bleibendes Denkmal errichtet. Während wir sonst die einzelnen Teile seines wissenschaftlichen und technischen Schaffens nur nebeneinander aufgestellt, wie in einem Lager nach bloß praktischen Gesichtspunkten aufgereiht sehen würden, erblicken wir sie nun in künstlerischer Anordnung zu einem Museum vereint, sinnvoll zu einem übersichtlichen Ganzen verbunden. Wir vermögen zu erkennen, wie ein Gedanke dem andern die Hand reicht, wie die jüngere Schöpfung sich auf die ältere stützt, »wie alles sich zum Ganzen webt, eins in dem anderen wirkt und lebt«. Ein Lebenswerk steht geschlossen, als etwas Vollkommenes vor uns.

In dem Buch eines solchen Autors ist der Stil etwas Äußerliches. Werner Siemens hat bei der Abfassung seiner Lebensgeschichte sicherlich keine schriftstellerischen Wirkungen beabsichtigt. Gerade darum aber ist es doppelt bemerkenswert, daß dieser Mann die Klarheit seiner Gedanken in ebenso klare Rede umzugießen wußte. Nicht in den »Lebenserinnerungen« allein, auch in seinen Schriften wissenschaftlichen und technischen Inhalts, von denen wir zwei starke Bände besitzen, sind die Prägung des Ausdrucks, die Kraft der Darstellung, die Anmut der Schilderungen bewunderungswürdig. Gerade hierin sollte der Meister ein Vorbild für das nachgeborene Technikergeschlecht sein. Aus seinen schriftstellerischen Leistungen kann eine bedeutsame Lehre entnommen werden.

Noch heute, wo die Technik das Leben der Menschen so innig durchdrungen hat, wo ein jeder innerhalb ihrer Erzeugnisse und mit ihnen lebt, stehen die allermeisten der Technik kühl, fast abweisend gegenüber. Während jeder sich in der Unterhaltung die äußerste Mühe gibt, fehlende Kenntnisse in der Literatur, der Musik, den bildenden Künsten sorgsam zu verdecken, gehört es fast zum guten Ton, von technischen Dingen nichts zu wissen. Man gibt zwar hier und da einer kalten Bewunderung Ausdruck, sieht in den technischen Schöpfungen aber doch kaum mehr als nützliche Gegenstände, Werkzeuge, die nur für die Hände da sind, aber dem Geist nichts zu bieten vermögen.

Der innere Gehalt der Technik, ihre großen gedanklichen Werte sind unbekannt. Man ahnt nicht, daß das Große auch hier nicht durch handwerksmäßiges Betreiben, sondern nur als Folge tief eindringender Geistesprozesse entstehen kann. Es entgeht den meisten, daß die Technik eine philosophische und künstlerische Angelegenheit zugleich ist.

Den Grund hierfür muß man in der mangelhaften Form suchen, mit der das technische Schaffen den Fernstehenden erläutert und vorgetragen wird. Kaum einer außerhalb der Fachkreise befaßt sich gern mit der Lektüre technischer Schriften, weil er von vornherein weiß, daß er hieraus doch keinen Gewinn davontragen wird. Der schreibende Ingenieur erzählt ihm in seinen Aufsätzen von einem einzelnen, das nur als Glied eines Ganzen zu verstehen ist, aber von diesem Ganzen ist niemals die Rede. Dazu soll der bloß interessierte, nicht fachmännische Leser Vorkenntnisse mitbringen, die ihm notwendigerweise mangeln müssen. Der schreibende Ingenieur kennt nicht das seit Jahrhunderten bewährte Einführungsmittel der Literatur, die Exposition. Er geht *medias in res*, aber nicht wie Homer, indem er den Leser sofort auf einen schönen Aussichtspunkt geleitet, von dem er ihn dann, rückwärts schauend, den Weg erkennen läßt, der dorthin führte, sondern er stellt die Wißbegierigen sogleich auf einen kahlen Gipfel, von dem aus nach allen Seiten unüberschreitbare Abgründe tief hinunterfallen, der keine Verbindung mit der übrigen Welt hat. Dem Leser ist unverständlich, wie er plötzlich dort hinausgekommen ist, und er begreift nichts.

Technische Dinge lassen sich nicht so darstellen, daß die Lektüre Verständnis und Genuß zu gewähren vermag, heißt dann die allgemeine Meinung. Sie ist so falsch wie möglich. Alles was ist, kann durch schildernde Kraft deutlich gemacht werden. Und diese romantische Welt der Technik, die voll ist von Wundern, durchströmt von heißem Leben, von glühendem Schaffen, die fortwährend Riesen von ungeheurem Wuchs gebiert, Zwerge mit märchenhaft feiner Durchbildung ihrer Glieder schafft, sie sollte nicht Gegenstand von Schilderungen sein können, die ihre Leser zu bannen vermögen?! Man glaubt das nur, weil die Techniker ihre Aufsätze, die sich an die Laienwelt wenden, nur allzuoft aus einem Stoff herstellen, der im Maschinenbau ja häufig mit ganz gutem Erfolg angewendet wird, aber für das Schrifttum doch nicht geeignet ist: aus Leder.

Man lese, wie Werner Siemens seine Kabellegungen, seine elektrischen Studien auf der Cheopspyramide, selbst die Geschichte des Telegraphen darstellt, und man wird einsehen, daß in der Welt der Technik großartige Stoffe in genügender Zahl zu finden sind.

Freilich muß man wohl das Organ besitzen, um die tiefe seelische Erregung nachempfinden zu können, von denen ein Mann wie Siemens gleich den geistigen Größen aller Zeiten bewegt wurde, wenn er eine neue Wahrheit gefunden hatte. Das überströmende Gefühl, das den Archimedes, nachdem er das hydrostatische Gesetz entdeckt hatte, mit dem Ruf Heureka! durch die Straßen laufen ließ, kannte auch er. Denn er schreibt: »Wenn ein dem Geist bisher nur dunkel vorschwebendes Naturgesetz plötzlich klar aus dem es verhüllenden Nebel hervortritt, wenn der Schlüssel zu einer lange vergeblich gesuchten mechanischen Kombination gefunden ist, wenn das fehlende Glied einer Gedankenkette sich glücklich einfügt, so gewährt dies dem Erfinder das erhebende Gefühl eines errungenen geistigen Sieges, welches ihn allein schon für alle Mühen des Kampfes reichlich entschädigt und ihn für den Augenblick auf eine höhere Stufe des Daseins erhebt.« Er empfand also vollkommen als Künstler, der er auch in allen seinen Schöpfungen gewesen ist.

In welch einer quellenden Fülle aber stehen diese vor uns! Wie eng ist der Raum der fünf Jahrzehnte, die er schaffend durchlebte, gegenüber dem geleisteten Werk! Niemals wird der gewöhnliche Sterbliche begreifen können, wie das Genie sein Leben lebt, wie es Zeit findet zu ergründenden Gedanken, während es handfeste Taten vollbringt; wie es Muße gewinnt, die bestehende Welt in sich aufzunehmen, während es die neue schafft, die von seinem Auftreten an datiert; welche Methoden ihm helfen, die Zeit so zu überwinden wie der elektrische Funke den Raum.

Werner Siemens starb von allen äußeren Ehren bekränzt. Die Universität Berlin hatte ihn bei ihrem fünfzigjährigen Jubiläum zum Ehrendoktor ernannt, die Akademie ihn zu ihrem Mitglied berufen. Kaiser Wilhelm I. zeichnete ihn durch den Orden *Pour le Mérite* aus, Kaiser Friedrich verlieh ihm bei seiner Thronbesteigung den erblichen Adel. Niemals sind Auszeichnungen einem Würdigeren zuteil geworden. Denn sein Leben gehörte nicht ihm selbst, es war ganz seiner Kunst, wie wir sein Schaffen ruhig nennen wollen, dem Vaterland, der ganzen Menschheit gewidmet. Er gab allen Bewohnern der Erde das unübertrefflich weit reichende Werkzeug der elektrischen Gedanken- und Arbeitsübertragung in die Hand, er legte das Fundament für den ragenden Bau der deutschen Elektrotechnik, er half den Erfindern, bedachte mit warmem Herzen seine Werkleute und richtete der reinen Wissenschaft Tempel ein.

Aber ihm selbst war das, was er geschaffen, noch nicht genug. Am Ende seiner Selbstbiographie erklärt er, daß sein Leben schön gewesen sei, weil es erfolgreiche Mühe und nützliche Arbeit war. Und nichts ist ihm im Alter schmerzlicher, als von seinen Lieben scheiden zu müssen und der Gedanke, nicht mehr weiter an der Entwicklung des naturwissenschaftlichen Zeitalters arbeiten zu können.

Uns scheint er den Raum seines Daseins voll ausgefüllt zu haben. Sein Name steht als ein Felsen fest gefügt im brandenden Meer der Kulturgeschichte. Niemals wird er untergehen. Mit Ehrfurcht nennt man den Namen Werner Siemens in fünf Erdteilen. Die Größe seines Werks erscheint erhabener mit jedem Fortschritt, den die immer bedeutsamer werdende Elektrotechnik macht. Unser Vaterland ist stolz darauf, daß Werner Siemens ein deutscher Mann gewesen!

Quellenverzeichnis

Werner von Siemens: »Lebenserinnerungen«. Verlag von Julius Springer, Berlin, 1901. – »Wissenschaftliche und technische Arbeiten«. Zwei Bände. Verlag von Julius Springer, Berlin, 1889 und 1901. – »Zur Militärfrage«. Ein Vorschlag. Verlag von Julius Springer, Berlin, 1862.

Antrittsreden der Herren *Siemens* und *Virchow* und Antwort des Herrn *Du Bois-Reymond*, Sekretärs der Physikalisch-Mathematischen Klasse. Gelesen in der öffentlichen Sitzung der Kgl. Akademie der Wissenschaften zu Berlin am 2. Juli 1874.

William Pole: »Wilhelm Siemens«. Verlag von Julius Springer, Berlin, 1890.

Richard Ehrenberg: »Die Unternehmungen der Brüder Siemens«. Erster Band. Verlag von Gustav Fischer, Jena, 1906.

Wilhelm von Siemens: »25 Jahre elektrischer Energieversorgung«. Sonderabdruck aus der deutschen Monatsschrift »Nord und Süd«. Verlag der Schlesischen Buchdruckerei von S. Schottländer A.-G., Breslau, 1913.

August Kundt: »Gedächtnisrede auf Werner von Siemens«. Aus den Abhandlungen der Kgl. Akademie der Wissenschaften zu Berlin vom Jahre 1893.

Stefan Kekule von Stradonitz: »Über das Erfindergeschlecht Siemens«. Aufsatz in der Zeitschrift »Die Grenzboten«. Verlag von Friedrich Wilhelm Grunow, Leipzig, 1908.

Dr. Karl Burhenne: »Biographie der Brüder Siemens« in der »Allgemeinen Deutschen Biographie«, 55. Band, Nachträge. Verlag von Duncker & Humblot, Leipzig, 1909.

Dr. W. Howe: »Siemens & Halske. Ein Rückblick am Tage des 50jährigen Bestehens der Firma«. Verlag von Julius Springer, Berlin, 1897.

»Zum 25jährigen Gedenktag der ersten elektrischen Bahn, 31. Mai 1904«. Herausgegeben von der Siemens & Halske A.-G.

»Die elektrische Beleuchtung der Kaisergalerie«. Sonderabdruck aus der Nr. 251 der »National-Zeitung«.

F. Heintzenberg: »Die erste Dynamomaschine. Aus den Erinnerungen eines Veteranen der Elektrotechnik«. Aufsatz in Nr. 240 der »Täglichen Rundschau« vom 12. Oktober 1916.

Georg Biedenkapp: »Die Entwicklung der modernen Verkehrsmittel«. Zweiter Band: »Elektrizität und Presse«. Verlag von Hermann Paetel, Berlin-Wilmersdorf, 1911.

Geschäftsberichte der A.-G. Siemens & Halske und der Siemens-Schuckert-Werke G. m. b. H.

Printed in Poland
by Amazon Fulfillment
Poland Sp. z o.o., Wrocław